Lenz
Low Carb
Das 8-Wochen-Programm

Die Autorin

Claudia Lenz war schon als Jugendliche interessiert an alternativen Ernährungsformen. Sei es Makrobiotik, sei es Vegetarismus oder Vollwertkost in seiner in den Anfangsjahren noch sehr rustikalen Form. Alles musste ausprobiert werden. Diese ganz persönlichen Erfahrungen mit Lebensmitteln und deren Wirkung auf den Körper konnte die Autorin mit dem Studium der Ernährungswissenschaft durch wertvolles Fachwissen ergänzen.

Die Tatsache, dass wenige Kohlenhydrate auf dem Teller gut tun können, hat Claudia Lenz am eigenen Leib erfahren, lange bevor das Thema Low Carb in aller Munde war: „Täglich litt ich unter den unangenehmen Symptomen eines zu niedrigen Blutzuckerspiegels zwischen den Mahlzeiten, etwa Schwindel und Kältegefühl. Seit ich Low Carb esse, gibt es diese Einbrüche nicht mehr, und ich bin viel leistungsfähiger."

Claudia Lenz lebt mit ihrer Familie in Essen, arbeitet als Lektorin und Autorin von Büchern zu Ernährungs- und Gesundheitsthemen. In ihrer Freizeit findet man sie oft in der Sport- oder Kletterhalle und draußen, auf Entdeckertour durch die Industrielandschaften des Ruhrgebiets.

Claudia Lenz

Low Carb
Das 8-Wochen-Programm

Wenig Kohlenhydrate – viel abnehmen
Über 90 rasend schnelle Rezepte

Liebe Leserinnen und Leser!

„Nun sind also die Kohlenhydrate aus der Mode gekommen", bemerkte trocken meine Freundin Laura, als wir uns einmal wieder über Diäten ganz im Allgemeinen und ihre paar Kilos zu viel im Speziellen unterhielten.

Ja, so kann man es auch sagen.

Die Kohlenhydrate sind out. Seit einigen Jahren hört und liest man überall von No Carb und Low Carb, von kohlenhydratarmen Lebensmitteln und Gerichten als Königsweg, um Kilos zum Purzeln zu bringen.

Laura jedenfalls hat das dann einige Wochen lang selbst ausprobiert: ein Ernährungsprogramm mit ganz wenig Kohlenhydraten. Und als wir uns Monate später wieder trafen, sagte sie „... und ich selbst, ich bin wieder ganz in Mode gekommen, getraue mich wieder, Klamotten zu tragen, die nicht wie ein Sack an mir herunterhängen." Und gut sah sie aus in ihrer Jeans und dem engen bunten T-Shirt. Eine zufriedene, selbstbewusste Frau, die nun zu ihrer Figur stehen konnte.

So einfach kann das sein. So einfach IST das.
Wir haben für Sie gute Nachrichten:

Es lohnt sich,
die Kohlenhydrate in Ihrem Essen im Blick zu behalten. Denn das verhilft zu einem schnellen Abnehmerfolg.
Bereits einige Wochen am Stück kohlenhydratarm zu essen reichen aus, dass Sie um ein paar Kilogramm leichter werden.

Sie dürfen essen,
mindestens 3-mal am Tag, und Sie sollen sich 3-mal am Tag satt essen. Mit den zahlreichen kohlenhydratarmen Rezeptideen und Tipps in diesem Buch ist das ganz einfach.

Und Sie können die Kilos ganz auf Ihre Art loswerden:
nach und nach über 8 Wochen hinweg mit einem eher gemäßigten Low-Carb-Programm oder powerschell in 2 Wochen mit einem streng kohlenhydratarmen Speiseplan – in diesem Buch haben Sie die Wahl.

Pasta & Co. sind in jedem Fall nur für eine Weile vom Teller verbannt: Sie leben hier genau so lange Low Carb, bis Sie mithilfe unseres Low-Carb-Programms die so nervigen überflüssigen Kilos losgeworden sind. Denn wer möchte schon für immer auf Nudeln, Risotto und Pizza verzichten?

Lesen Sie auf den folgenden Seiten, warum eine Ernährungsweise mit wenig Kohlenhydraten so erfolgreich ist. Und machen Sie sich damit Ihr ganz persönliches Low-Carb-Abnehm-Programm leicht. Lassen Sie sich mit unseren vielen und vielfältigen alltagstauglichen Rezepten davon überzeugen, dass eine kohlenhydratbewusste Ernährung schmeckt und leicht selbst zuzubereiten ist.

Gut gelauntes Leichterwerden wünscht Ihnen

Claudia Lenz

Danke

Herzlichen Dank an Gudrun Mach, die mich seit vielen Jahren als Testköchin kompetent begleitet, für ihre engagierte Mitarbeit an diesem Buch. Mit ihrer großen Koch-, Küchen- und Einkaufserfahrung ist sie eine unverzichtbare Mitarbeiterin unseres Redaktionsteams. Gudrun Mach stellte für dieses Buch über Wochen hinweg ihre Versuchsküche – und teilweise auch ihre Familie – auf Low Carb um. Das Ergebnis finden Sie im Rezeptteil dieses Buches: eine große, bunte, vielfältige Auswahl an Low-Carb-Gerichten für jede Tageszeit und hoffentlich für jeden Geschmack. Guten Appetit!

Das Low-Carb-Prinzip

Wie funktioniert kohlenhydratarme Ernährung,
und warum kann man damit so gut abnehmen?
Lesen Sie auf den folgenden Seiten, wie Sie Ihren
Alltag ganz einfach auf Low Carb umstellen.

Abnehmen mit wenig Kohlenhydraten – wie geht das?

Abnehmen mit kohlenhydratarmer Ernährung funktioniert! Das ist millionenfach bewiesen. Doch warum nehmen wir eigentlich besonders gut ab, wenn wir nur wenig Kohlenhydrate essen?

Unzählige Menschen haben erfolgreich abgenommen, nachdem sie einen Großteil der Kohlenhydrate auf ihrem Speisezettel eine Zeit lang einfach gestrichen haben. Niedriger Kohlenhydratanteil im Essen, auf Englisch „Low Carb(ohydrates)" = niedrigeres Gewicht. Ist das wirklich so einfach? Und warum machen uns Kohlenhydrate eigentlich dick? Aber fangen wir von vorne an:

Kohlenhydrate sind einer der drei energieliefernden Hauptnährstoffe in unserer Nahrung. Sie enthalten Kalorien. Doch das gilt genauso für die beiden anderen Hauptnährstoffe: Eiweiß und Fett. Alle drei Energielieferanten werden im Verdauungstrakt in ihre kleinsten Bestandteile zerlegt, gelangen in dieser Form ins Blut und von dort aus in die Zellen. Hier dienen die Nahrungsbestandteile als Brennstoff, damit jede einzelne Zelle arbeiten kann. Die Arbeit unserer Zellen besteht z. B. in Muskelbewegungen oder darin, Nervenimpulse weiterzuleiten. Zellen arbeiten aber auch, indem sie Stoffe wie Hormone oder Sekrete oder Immunbotenstoffe bilden oder neue Zellen bilden. Das macht klar: Wir brauchen Kalorien. Weil unser Körper Brennstoff benötigt. Doch es sollte die richtige Art von Brennstoff sein, mit dem wir unsere Zellen versorgen. Und unser Körper braucht die richtige Menge. Damit wir nicht gleichzeitig, so ganz nebenher und noch völlig unbeabsichtigt, auch dazu unsere Fettzellen dick mästen.

Fatale: Die überflüssigen Pfunde werden wir auch dann nicht los, wenn wir zwar weniger, jedoch die falschen Lebensmittel essen.

Dies hat – wie wir heute wissen – unter anderem mit den Kohlenhydraten zu tun: Seit einiger Zeit ist wissenschaftlich belegt: Zu viele Kohlenhydrate im täglichen Essen bedienen vor allem die Fettzellen. Lesen Sie im Folgenden, warum das so ist.

Viele Arten von Kohlenhydraten können ganz schlecht warten. Vor allem die süßen: Zucker & Co., Süßigkeiten, süße Getränke. Aber auch Pasta, Brot und Pfannkuchen und das Stück Kuchen zum Nachmittagskaffee – sie alle drängeln sich im Verdauungstrakt vor. Die in diesen Lebensmitteln enthaltenen Kohlenhydrate stürzen sich ins Blut und zwingen den Körper, eine gehörige Portion Insulin auszuschütten, um die Drängler rasch aus dem Blut in die Zellen zu befördern. Denn Insulin schließt die Zellen auf, sodass Nährstoffe hineingelangen können. Der Zucker aus dem Blut wird hineingeschwemmt und mit ihm auch die anderen Nährstoffe: Fett- und Eiweiß-

Kohlenhydrate verhindern, dass wir abnehmen

Seit Jahrtausenden wissen die Menschen: Zu viel Essen macht dick. Heutzutage können wir das ein wenig präziser beschreiben: Zu viele Kalorien – ganz gleich aus welchem Nahrungsmittel und ganz gleich ob Fett, Eiweiß oder Kohlenhydrate – machen dick. Essen wir zu viele kalorienliefernde Speisen, werden wir dick und dicker. Denn dann muss unser Körper den überschüssigen Brennstoff lagern: Er füllt die Fettzellen. Und nun das

bausteine. Mehr und mehr – die Zelltüren sind so lange offen, bis der Blutzucker wieder gesunken ist.

Die Zellen sind nun randvoll mit Nährstoffen. Und was nicht sofort verbraucht werden kann oder zu Vorratsbrennstoff umgewandelt werden kann, nährt die Fettpolster. Nun ist also mit jeder Menge Insulin jede Menge Zucker so schnell aus dem Blut abtransportiert worden, dass der Blutzuckerspiegel rasant absinkt. Nun tritt eine Körperreaktion ein, die fatal ist, und es läuten im Gehirn die Alarmglocken: Es kann nämlich ohne Blutzucker nicht arbeiten. Das Stresshormon Adrenalin wird ausgeschüttet, für uns spürbar in Form von Schweißausbrüchen, Pulsrasen und Heißhunger. Heißhunger!

Und schon strecken wir die Hand zum nächsten süßen Snack aus, dopen uns mit einem großen Glas Eistee. Essen dann noch hastig eine Portion Pommes. Und hier beginnt die Geschichte mit dem Insulin und den Zellen wieder von vorne … und die Geschichte endet mit dem Wort Fettpolster.

Was Kohlenhydrate können

Kohlenhydrate können auch in supergesunder Kombination auftreten: beispielsweise in Kombination mit hochwertigem Eiweiß. So gibt es sie von Natur aus in Hülsenfrüchten, z. B. als Bohnen, Erbsen und Linsen. Und so kombinieren wir sie z. B. in Form von Obstquark. In Früchten steckt Fruchtzucker, in Quark viel Eiweiß.

Eine recht gute Figur machen Kohlenhydrate auch, wenn sie in Begleitung von reichlich Ballaststoffen auftreten. Denn Ballaststoffe bremsen die Kohlenhydrate, sodass sie erst nach und nach ins Blut gelangen. Das bewirkt eine nur mäßige Insulinantwort. Ballaststoffe sind z. B. in allen Vollkornprodukten oder in getrockneten Bohnen, Erbsen und Linsen enthalten, darüber hinaus in der italienischen Version einer Gemüsebeilage: wenig Kartoffeln und viel Gemüse. Gemüse ganz allgemein ist ein guter Ballaststofflieferant, die Kohlarten enthalten besonders viel. Früchte liefern ebenfalls Ballaststoffe. Da sie aber gleichzeitig reichlich insulinlockenden Fruchtzucker mitbringen, sollten Sie davon nicht zu große Mengen auf einmal verzehren.

WISSEN

Kohlenhydrate, die uns dick bleiben lassen

Schnell und viel Insulin locken die folgenden Lebensmittel, auf die Sie ein Auge haben sollten, wenn Sie erfolgreich abnehmen möchten. Beim Abnehmen hinderlich sind bereits geringe Mengen an Produkten, die ausschließlich bzw. überwiegend Kohlenhydrate liefern: Zucker (auch der in Tee und Kaffee), Honig, Kuchen/Torten, süße Riegel aller Art, Kekse, Bonbons, Gummibärchen, Schokolade mit einem Kakaogehalt von unter 70 Prozent sowie zuckergesüßte Getränke, insbesondere Softdrinks aller Art: Limonaden, Colagetränke, Icetea, sogenannte Sportgetränke und unverdünnte Fruchtsäfte. Lassen Sie diese Lebensmittel und Getränke während Ihres 8-Wochen-Low-Carb-Programms möglichst weg. Beim Abnehmen hinderlich sind bisher gewohnte Portionsmengen an

- Getreidekörnern und daraus hergestellten Produkten (Flocken, Pops, Flakes …)
- Mehl und daraus hergestellten Produkten (Nudeln, Teige aller Art, Brot/Brötchen)
- Kartoffeln und daraus hergestellten Produkten
- getrockneten Hülsenfrüchten
- getrockneten Früchten

Schränken Sie den Verzehr dieser Lebensmittel während Ihrer Low-Carb-Wochen idealerweise ein. Beim Abnehmen hinderlich sind darüber hinaus übergroße Mengen an süßen Früchten. Essen Sie süßes Obst wie Leckerbissen: in Maßen und geringen Mengen. Gönnen Sie sich extraschöne und reife Früchte, die Sie wie Süßigkeiten dosiert genießen.

Kohlenhydrate sind immer dann gut, wenn wir sie in Maßen und in ihrer möglichst natürlichen Form essen: also nicht das Auszugsmehl, sondern das ganze Korn (ggf. gemahlen oder zu Flocken gepresst). Nicht der Zucker im Keks, sondern am besten ein Stück süße Frucht. So bekommen Sie mit jeder kleinen Portion Kohlenhydrate gleichzeitig auch noch Ballaststoffe, Vitamine, Mineralstoffe und weitere Vitalstoffe quasi umsonst mitgeliefert. Alles dringend benötigte Substanzen, mit denen unser Kraftwerk Körper in Schuss gehalten wird. Sie helfen z. B., unerwünschte Stoffe auszuscheiden, oder werden vom Stoffwechsel benö-tigt, damit die aufgenommene Energie auch effizient umgesetzt werden kann. In geringen Mengen brauchen wir Kohlenhydrate aus den folgenden Lebensmitteln regelmäßig:

- Hülsenfrüchte (getrocknete Bohnen, Erbsen, Linsen)
- frische Hülsenfrüchte (grüne Bohnen in jeder Form, grüne Erbsen, Erbsenschoten/Zuckererbsen)
- Kartoffeln, am besten kombiniert mit reichlich Gemüse
- Vollkornreis und andere Vollkorngetreide, Vollkornmehle, Vollkornbrot und -gebäck
- Früchte

Raus aus dem Insulinkarussell

Mit einem Low-Carb-Programm abzunehmen, funktioniert, weil Sie auf diese Weise das Insulin im Zaum halten. Der Insulinspiegel im Blut wird sich – parallel zum Blutzuckerspiegel – ohne große Spitzen oder Einbrüche auf mittlerem Niveau einpendeln. Einfach dadurch, dass Sie möglichst wenig und möglichst gesunde Kohlenhydrate, wie im vorhergehenden Absatz aufgezählt, verzehren. Unterstützend wirken

- Pausen von mindestens 3 Stunden zwischen den einzelnen Mahlzeiten. Nur so kann sich die Blutzuckerkurve wieder auf Nüchternniveau zurück-bewegen plus
- Bewegung. Sie hilft, mehr Kalorien zu verbrennen und steigert auf Dauer den Grundumsatz an Energie (mehr dazu ab Seite 15).

- Reichlich Wasser trinken. Auch das bewahrt vor Schwindel und Kopf-schmerz, wenn der Blutdruck zu niedrig sein sollte. Außerdem hilft reichlich Flüssigkeit, Giftstoffe aus den Zellen auszuschwemmen.

Wenn Sie beim Essen und Trinken be-wusst auf die Kohlenhydrate achten und die Menge gering halten, können Sie sehr schnell leichter werden! Probieren Sie es einfach einmal – nur 8 Wochen lang! Und danach? Bleiben Sie, wenn Sie mögen, einfach dran an der kohlenhydratarmen Kost. Mehr oder weniger streng, ganz nach Ge-schmack und ganz nach Ihrem indivi-duellen Bedürfnis: Vielleicht wollen Sie noch mehr abnehmen oder ganz einfach nur ihr neues Gewicht zufrie-den halten. Dann muss es nicht ganz so streng Low Carb sein.

Low Carb ist gesund!

Low Carb zu essen, schont die Bauch-speicheldrüse, die das Insulin produ-ziert, sowie die Erkennungssysteme für Insulin auf den Zellen. Überreichlich Kohlenhydrate, wie sie unser gewohn-ter Alltagsspeiseplan mit reichlich Brot, Kuchen und kohlenhydratreichen Snacks enthält, führen zu einem dauer-haft zu hohen Insulinspiegel im Blut. Dies bewirkt, dass die Zellen gegenüber dem wichtigen Energie-Einschleuser Insulin abstumpfen: Die Zellen können nur noch mit hohen Insulindosen und nur noch wenig geöffnet werden. Sie erhalten so kaum mehr Nachschub an Nährstoffen. Das Kraftwerk Körper läuft auf Minimalprogramm. Weniger und weniger Energie aus der Nahrung gelangt dorthin, wo sie dringend be-nötigt wird: in die arbeitenden Zellen. Mehr und mehr Nährstoffe müssen im Fettgewebe deponiert werden. Die Zellen leiden Mangel, obwohl reichlich gegessen wird. Die Fettzellen werden gemästet. Die Lösung ist ganz einfach: weniger Kohlenhydrate – und die rich-tigen Kohlenhydrate.

Eine kohlenhydratbewusste Ernährung ist vielseitig, abwechslungsreich und liefert dazu alle lebensnotwendigen Nähr- und Vitalstoffe in ausreichenden Mengen. Sofern Sie Hülsenfrüchte und kleine Mengen an Vollkorngetreide und Vollkornbrot/-knäcke mit auf dem Speiseplan haben und regelmäßig essen.

Fett ja, aber das richtige

In der Low-Carb-Küche wird mit Fett und Öl gekocht und gebraten. Und Butterbrote heißen nicht nur so, sondern werden tatsächlich (dünn) mit Butter bestrichen. Denn Low-Carb-Essen ist nicht fettfrei, es ist einfach nur kohlenhydratarm. Bereiten Sie sich Ihre Low-Carb-Gerichte mit einer bewusst abgemessenen Portion Fett bzw. Öl zu. Das garantiert besten Geschmack, denn Fett dient als Geschmacksträger, es bringt die verschiedensten Aromastoffe auf unserer Zunge erst so richtig zur Geltung. Und Fett ist überlebenswichtig für unseren Körper.

Fett aus der Nahrung ist unverzichtbar

Viele der Bausteine, aus denen Fette und Öle aufgebaut sind, haben wichtige Funktionen in unserem Körper:

- Sie werden benötigt, damit wir die lebensnotwendigen fettlöslichen Vitamine A, D, E und K überhaupt erst aus der Nahrung in den Körper aufnehmen können.
- Bestimmte Bestandteile von Fetten und Ölen sind für den Bau und die Struktur unserer Körper-Zellwände unabdingbar.
- Fette und Öle liefern Bausteine für körpereigene Signalstoffe (Hormone).
- Sie liefern Bausteine, die im Körper beim Transport von Cholesterin helfen und tragen damit zu einem normalwertigen Blutcholesterinspiegel bei.

Fett kann sogar beim Abnehmen helfen

Das glauben Sie nicht? Es ist bewiesen – seit vielen Jahren liegen die Ergebnisse wissenschaftlicher Studien vor, die zeigen, dass fettarme Ernährung keineswegs zwingend, Fettpolster schmilzt. Die Studien brachten genau das Gegenteil ans Licht: Diäten mit wenig Fett und viel Kohlenhydraten machen die Menschen in vielen Fällen noch dicker. Gut abnehmen kann nur, wer die weniger Kohlenhydrate isst und beim Fett statt auf die Menge, auf die Qualität achtet. Nüsse, Samen, Pflanzenöle – v. a. Rapsöl, Olivenöl, Walnuss und Leinöl – sowie öfter einmal Fisch statt Fleisch, so heißt die Fettformel für Abnehmwillige.

Fett und Kohlenhydrate: eine fatale Kombination

Wer Fettpolster loswerden möchte, muss keinesfalls an gesunden Fetten und Ölen sparen. Sofern die Kohlenhydrate außen vor bleiben. Ja, richtig: Fett und Kohlenhydrate gemeinsam verzehrt, mästen unsere Fettzellen. Mit Sahnecreme gefülltes Gebäck, Nüssen mit Schokoüberzug, Pommes aus der Fritteuse, Chips ... Wie gut, dass es Low Carb gibt. Da kommt sowas einfach nicht vor. Hier genehmigen Sie sich die Sahnecreme auf köstlichen Beeren, die Nüsse kommen in den Salat, statt Pommes gibt es in Olivenöl geschmortes mediterranes Gemüse mit oder ohne Oliven.
Doch was ist eigentlich so fatal an der Kombination von Fett und Kohlenhydraten?

Ganz einfach: Verzehren wir Kohlenhydrate, insbesondere Zucker oder Weißmehl oder weißen Reis oder weiße Nudeln, dann muss unser Körper schnell große Mengen an Insulin freisetzen. Sie sollen die im Blut massenweise anflutenden Zuckerbausteine, Abbauprodukte der Kohlenhydrate, schnell eliminieren. Das Insulin schickt also den Blutzucker in die Zellen. Und leider nicht nur diesen, sondern gleichzeitig auch andere Energiebausteine, die sich im Blut befinden. Fettbausteine zum Beispiel. Das mästet die Zellen, das macht uns dick.
Dabei hätten die Fettbausteine doch noch gute Arbeit im Körper leisten können – etwa als Bauelemente von elastischen Zellwänden oder als Bestandteile von Hormonen. Wenn nur das Insulin nicht gewesen wäre.
Fazit: Fett kann nur dann Gutes im Körper leisten, wenn es nicht vom Insulin fehlgeleitet wird. Bewusst ausgewähltes Zubereitungsfett oder -öl ist dann gut für uns, wenn wir es mit kohlenhydratarmen Lebensmitteln kombinieren: insbesondere mit eiweißreichen Nahrungsmitteln wie Eiern, Milchprodukten, mit eher fettarmem Fleisch und Fisch oder auch mit Tofu. Und mit großen Mengen an lecke-

rem Gemüse. So wie wir das in unseren Rezepte in diesem Buch getan haben.

Öle und Fette in der Low-Carb-Küche

Diese Öle und Fette sind unsere Favoriten in der Low-Carb-Küche:

- Preiswertes raffiniertes Rapsöl (oft auch als „Pflanzenöl" bezeichnet). Es eignet sich als Universalöl zum Braten und für alle Anwendungen in der heißen Küche, z. B. auch für Teige.
- Eine Sorte kaltgepresstes Öl sollte für die kalte Küche, für Salate und Dips vorrätig sein. Nehmen Sie z. B. natives Olivenöl oder kaltgepresstes Walnussöl. Wechseln Sie einfach ab.
- Butterschmalz verwenden wir gelegentlich für Gerichte, bei denen wir den buttrigen Geschmack dieses hocherhitzbaren Fettes schätzen, etwa für gedünsteten bzw. geschmorten Kohl oder etwas robusteren Fisch.

- Butter: Sie kann mit ihrem feinen Geschmack als Aufstrich auf Scheiben von Low-Carb-Brot oder auf Vollkornknäckebrot sowie in der warmen Küche zum Dünsten verwendet werden. Und in ganz kleinen Mengen zum Verfeinern von Saucen. Gut auch zum Fetten von Backformen (mit einem Stück Küchenpapier oder Backpapier dünn verteilen).
- Nüsse und Samen als fettreiche Nahrungsmittel sind reich an ungesättigten Fettsäuren. Das ist das Fett, mit dem Sie Ihre ungeliebten Fettpolster rascher loswerden als mit einer fettarmen Diät – so paradox das klingt. Essen Sie also guten Gewissens täglich 30 g Nüsse, das sind etwa 2 Esslöffel. Zur Auswahl stehen z. B. Mandeln, Haselnüsse, Walnüsse oder Cashewnüsse. Außerdem können Sie sich gerne auch jeden Tag ein, zwei Teelöffel Samen gönnen, Sesam, Sonnenblumenkerne, Leinsamen oder Mohnsamen.

Öle richtig aufbewahren

Raffinierte Öle können Sie durchaus in der Nähe des Herdes, also hell und bei Zimmertemperatur stehen lassen. Verbrauchen Sie raffinierte Öle dann aber innerhalb von etwa 3 Monaten.

Kaltgepresste Öle müssen dunkel und kühl aufbewahrt werden. Es gibt sie häufig in braunen Flaschen, die relativ lichtundurchlässig sind. Kaufen Sie keine zu großen Mengen, es reicht eine 250-ml-Flasche. Denn das Öl hält sich nicht allzu lange: nur 4 bis 6 Wochen. Es wird rasch ranzig, wenn es hell, warm und lange offen steht. Wenn der einzige küchennahe kühle Ort der Kühlschrank ist, bewahren Sie kaltgepresste Öle darin auf. Es kann allerdings vorkommen, dass durch die Kälte das Öl weiß ausflockt. Dies bedeutet jedoch keine Qualitätseinbuße, und die Flocken lösen sich beim Erwärmen sofort wieder auf.

WISSEN

Omega-Fettsäuren – lebensnotwendig und unersetzbar

Einige Fettbestandteile, sogenannte mehrfach ungesättigte Fettsäuren, kann unser Körper nicht selbst aufbauen. Wir müssen ihm diese durch Nahrung zuführen, in der diese Fettsäuren bereits enthalten sind. Dabei handelt es sich um

- Linolsäure (Omega-6-Fettsäure) und
- Alpha-Linolensäure (Omega-3-Fettsäure).

Linolsäure hat insbesondere positive Wirkungen auf unsere Haut. Sie ist Bestandteil der obersten Hautschicht und ein wichtiger Schutzfaktor derselben. Alpha-Linolensäure wirkt im Körper ganz allgemein entzündungshemmend. Damit trägt sie unter anderem dazu bei, die Innenwände der Blutgefäße vor dauerhaften Schädigungen zu schützen. Und das wiederum kann dazu beitragen, Herz-Kreislauf-Erkrankungen vorzubeugen.

In unserem heutigen durchschnittlichen Nahrungsmix dominieren Omega-6-Fettsäuren. Wünschenswert ist auf Dauer, dass wir wieder mehr Omega-3-Fettsäuren aufnehmen. Vor allem wegen deren entzündungshemmenden Eigenschaften. Denn damit tragen diese Fettsäuren dazu bei, vor vielen Zivilisationskrankheiten zu schützen: von Gelenksentzündungen über Venenleiden bis hin zu Infarkten, um nur ein paar wenige Beispiele zu nennen. Hohe Gehalte an der Omega-3-Fettsäure Alpha-Linolensäure haben einige Pflanzenöle, darunter Walnussöl, Sojaöl und Rapsöl. Wir empfehlen daher, ein oder zwei Sorten davon möglichst häufig in der täglichen Ernährung zu verwenden.

Wenig Kohlenhydrate – viel Bewegung

Mit mehr Bewegung tragen Sie zusätzlich zu Ihrem Low-Carb-Speiseplan dazu bei, dass die Fettpolster rasch und sichtbar schmelzen. Denn Bewegung (ver-)braucht Energie oder anders gesagt Kalorien, die dann nicht mehr in Körperfett umgewandelt werden können.

Weil Sie nur wenig Kohlenhydrate essen, nehmen Sie quasi automatisch nur so viele Kalorien zu sich, wie Sie benötigen, um satt zu sein und um mit allen Nährstoffen gut versorgt zu sein. Jetzt kommt Sport ins Spiel: Bewegen Sie sich dann auch noch mehr als zuvor, zwingen Sie Ihren Körper bereits nach kurzer Zeit dazu, seine Fettdepots anzugreifen, um die Energie zu bekommen, die die Muskeln verlangen. Denn die muskelinternen Energiespeicher, auf die die Muskelzellen als Erstes zurückgreifen möchten, wenn sie aktiv sind, sind sehr begrenzt.

Lassen Sie das Auto öfter einmal stehen. Überlegen Sie, welche Alltagswege Sie zu Fuß machen können. Den täglichen Einkauf beispielsweise. Oder den Weg zum Friseur. Vielleicht können Sie Ihre Kinder auch zu Fuß zum Kindergarten oder zur Schule bringen. Und die Freundin, die Sie besuchen möchten, wohnt eigentlich auch nicht so weit weg, als dass man dafür extra das Auto in Bewegung setzen müsste.

Fahren Sie mehr Fahrrad. Sie radeln sowieso immer mal wieder am Wochenende. Hervorragend. Doch bestimmt gibt es auch im gewohnten Wochenalltag Wege, die Sie gut auf zwei Rädern zurücklegen können, statt das Auto zu benutzen. Den Weg zur Arbeit etwa oder den zum VHS-Kurs. Mal eben mit dem Fahrrad zum Bäcker, zum Drogeriemarkt, einfach schnell noch 1 l Milch holen, eine Stippvisite bei der Verwandtschaft ein paar Straßenzüge weiter ... Schauen Sie doch heute schon mal in Ihrer

WISSEN

Was bedeutet „wenig Kohlenhydrate"?

220–250 g Kohlenhydrate verzehren wir Deutschen etwa jeden Tag. Das ist eindeutig zu viel, um abzunehmen. Denn diese große Menge an Kohlenhydraten hält den Insulinspiegel im Blut den ganzen Tag lang hoch. So hoch, dass der Körper gar nicht auf die Verwertung der körpereigenen Fettreserven umschalten kann. Ein hoher Insulinspiegel lässt unsere Zellen auf Energiezufuhr von außen warten. Das macht Heißhunger. Bringt uns das Gefühl, niemals richtig satt zu sein. Mit nur ungefähr 100 g Kohlenhydraten am Tag können Sie sich aus dieser Insulinsackgasse leicht hinausmanövrieren. Und kinderleicht Kilos verlieren. Dazu reicht es bereits, wenn Sie nur 8 Wochen lang bewusst auf die Kohlenhydrate in Ihrem Essen achten (das Programm dazu finden Sie ab Seite 23).
Wer blitzschnellen Abnehmerfolg auf der Waage sehen möchte, muss jedoch noch strenger sein beim Kohlenhydratesparen: Beschränken Sie sich auf etwa 30 g Kohlenhydrate am Tag, und Sie werden bereits nach einer 2-Wochen-Low-Carb-Kur sichtbar schlanker sein. Stellen Sie sich am besten in diesem Fall darauf ein, dass Sie sich immer wieder gut motivieren müssen, um dieses harte Low-Carb-Programm auch durchzuhalten. Den zugehörigen Rezeptplan finden Sie auf Seite 30/31.

Garage nach, ob genügend Luft auf den Reifen ist und alles gut geschmiert, dann kann's morgen bereits losgehen.

Ignorieren Sie Aufzüge und Rolltreppen. Was strengt am meisten an beim Shoppen? Langsam gehen und stehen. Das kann einem den Einkaufsbummel ganz schön vermiesen. Geben Sie Ihrem Körper doch einfach etwas Bewegungs-Abwechslung, indem Sie von einer Etage zur anderen einfach die Treppen nehmen. Im Kaufhaus genauso wie im Parkhaus oder U-Bahnhof.

Spielen Sie! Lassen Sie sich doch einmal wieder zum Spielen verleiten: von Ihren Kindern, Nichten und Neffen oder Patenkindern oder von Kindern Ihrer Freunde. Spielen Sie mit ihnen Ball oder Fangen oder Frisbee. Toben Sie einfach mal eine Weile mit. Gehen Sie mit ins Wasser und planschen und spritzen Sie mit und schwimmen einander hinterher. Das bringt Spaß für alle und tut Ihrem Körper gut.

Bewegen Sie sich in Ihrer Freizeit! Ideal ist, wenn Sie es schaffen, in Ihrer Freizeit mindestens 3-mal in der Woche aktiv zu sein. Das bedeutet, Sie marschieren flott, walken, joggen, fahren Fahrrad, schwimmen, tanzen, bewegen sich auf dem Stepper … – bestimmt gibt es etwas, das zu Ihnen passt.

Muskeln kosten Energie

Wenn Sie Ihr Bewegungsprogramm 2 oder 3 Wochen durchhalten, werden Sie feststellen, dass sich Ihr Körper bereits sichtbar strafft. Weil die bei der Bewegung beanspruchten Muskeln wachsen. Das hat auch nach innen einen positiven Effekt: Muskelzellen verbrauchen auch in Ruhe mehr Energie als Fettzellen. Bingo! Ihr Grundumsatz steigt, Ihr Körper verbraucht jetzt auch in Ruhe mehr Energie als vorher. Auch das wird – wenn Sie sich weiter kohlenhydratbewusst ernähren, mit der Zeit Ihre Speckpolster schmelzen lassen.

Bewegung macht den Kopf frei

Alltagssorgen und oft genug auch größere Sorgen tragen mit dazu bei, dass wir uns ein Polster anessen, nach und nach. Dann sind wir Kilos schwerer, doch die Sorgen kein bisschen kleiner. Locken Sie sich selbst raus aus der Frustschleife, indem Sie sich mehr bewegen. Das kann düstere Gedanken vertreiben. Die Muskelarbeit hilft uns, Stress abzubauen – und macht gute Laune. Denn Bewegung setzt Glückshormone frei. Wer in Bewegung ist, hat wenig Lust, zu grübeln.

Sie essen manchmal aus Langeweile? Abgewählt! Sie können ja stattdessen eine Runde um den Block gehen. Oder in den Park. Oder mit der Freundin telefonieren und dabei durch die Wohnung tigern. Oder Sie drehen einfach mal für 5 Minuten die Musik laut auf und tanzen. Ganz für sich allein, ganz so, wie Sie möchten.

SO GEHT'S

Einfach mehr bewegen – so überlisten Sie Ihren inneren Schweinehund

Sie schaffen es nur schwer, sich zu etwas mehr Bewegung im Alltag zu motivieren. Vielleicht geht es so noch leichter: Stellen Sie sich der neuen Aufgabe zu zweit. Suchen Sie im Freundes- und Bekanntenkreis, oder auch unter Ihren Kolleginnen jemanden, der auch mehr Sport machen möchte. Planen Sie Ihre Bewegungsoffensive gemeinsam. So schaffen Sie eine größere Verbindlichkeit, die Sporteinheiten auch wirklich zu absolvieren. Und Sie haben gleichzeitig moralische Unterstützung für die Tage, an denen es Ihnen besonders schwer fällt, sich zum Laufen, Steppen, Radfahren, Walken oder Skaten aufzuraffen. Suchen Sie sich aber jemanden, mit dem Sie sich, was das Leistungsniveau angeht, ungefähr auf Augenhöhe befinden, sonst kommt schnell Frust auf, wenn die andere jedes Mal davonzieht beim Traben durch die Felder. Oder wenn nur immer Sie diejenige sind, die auf eine Verschnaufpause drängt.

Vielleicht suchen Sie sich auch einen Fitnesskurs, für den Sie bezahlen müssen. Das wird Ihnen Ihren Sport im wahrsten Sinne des Wortes wertvoller machen und Sie stärker motivieren, dann auch hinzugehen zur Sportstunde.

Alle Vorbereitungen für Low Carb

Für Ihre Low-Carb-Wochen brauchen Sie weder mehr Zeit noch Urlaub, noch eine bestimmte Jahreszeit. Sie müssen auch nicht wegfahren dafür oder eine Gruppe Gleichgesinnter finden. Alles faule Ausreden. Sie brauchen nur das bestimmte Gefühl, dass Sie eindeutig zu schwer durchs Leben gehen. Und Sie sollten sich vorab entscheiden, ob Sie es lieber gemäßigt angehen mit dem Kohlenhydratsparen und Abnehmen oder ob Sie es gerne kurz und knackig haben.

Beginnen Sie heute noch damit, Low Carb in Ihrem Kopf wirken zu lassen. Lesen Sie das Buch, blättern Sie durch die Rezepte. Stellen Sie sich vor, wie Sie ab morgen kohenhydratärmer leben. Und wie Sie das ganz unbeschwert und leicht machen, Low Carb zu leben! Lassen Sie nun den Gedanken Taten folgen und zwar, indem Sie in Ihrer Küche alles, was „High Carb" ist, identifizieren, also alle Lebensmittel, die voller Kohlenhydrate. Verbannen Sie diese. Zumindest auf Zeit:

- Weg müssen alle Süßigkeiten, bis auf Schokolade mit mindestens 70 % Kakaoanteil.
- Weg müssen alle Knabbersachen, bis auf pure Nüsse (die können Sie nicht nur pur knabbern, sondern in Ihrer Low-Carb-Küche auch gut zum Verfeinern von warmen und kalten Gerichten verwenden).
- Weg muss Brot, bis auf Vollkorn-Knäckebrot. Denn Knäckebrotscheiben sind so leicht, dass Sie nur wenige Kohlenhydrate liefern. Eine Knäckebrot-Brotzeit – mit reichlich

WISSEN

Low-Carb-Brot

Denken Sie unbedingt daran, Low-Carb-Brot zu kaufen. Dann können Sie jederzeit mit gutem Gefühl eine kohlenhydratarme Brotzeit machen. Wir haben immer einige Tüten geschnittenes Low-Carb-Brot im Tiefkühler. Es gibt inzwischen viele Bäckereien, die Low-Carb-Brot und Brötchen anbieten. Scheuen Sie sich nicht, danach zu fragen. Oder Sie backen Ihr Low-Carb-Brot selbst: Entweder nach unserem Rezept auf Seite 44 (Mandelbrot). Dann haben Sie ein mandelaromatisches und relativ fettreiches Brot, das sich – ohne jegliches Streichfett – phantastisch als Unterlage für Eiweißhaltiges wie Paprikaquark, Hüttenkäse, (Räucher-)Fisch, Garnelen, Krabben oder Flusskrebse, Tatar, Mett, Bratenaufschnitt eignet.

Wer möchte, kann sein Low-Carb-Brot auch aus einer fertig gekauften Backmischung herstellen: Es gibt inzwischen eine große Auswahl im Internet, suchen Sie einfach mit den Stichworten „Low Carb Backmischung kaufen". Diese Backmischungen sind verglichen mit denen für normale Brote vergleichsweise teuer. Sie werden aber feststellen, dass Sie als „Low Carb'ler" weniger Brot essen als vor Ihren Low-Carb-Wochen. Und damit relativiert sich der Preis. Übrigens können Sie auch das aus einer Backmischung selbst gebackene Brot gut einfrieren. Am besten vorher in Scheiben schneiden und jeweils nur einige Scheiben zusammen in einem Gefrierbeutel einfrieren, so ist das Brot zu jeder Zeit am schnellsten wieder aufzutauen.

eiweißhaltigem Belag – ist bei Low-Carb durchaus erlaubt.

Überlegen Sie gar nicht lange wegen eines geeigneten Verstecks für diese Lebensmittel in der eigenen Wohnung oder im eigenen Haus. Nein. Verschenken Sie die Lebensmittel ganz einfach. Aus den Augen, aus dem Sinn.

Low Carb einkaufen

Für heute – Ihren ersten Low-Carb-Tag im Kopf – reicht es, die Lebensmittel für Ihr morgiges Low-Carb-Frühstück einzukaufen. Dann müssen Sie allerdings nach dem morgigen Frühstück zum Einkaufen gehen. Oder Sie besorgen heute zusätzlich noch ein paar Lebensmittel für einen Mittagssnack, Low-Carb-Brot inbegriffen, und essen dann morgen erst abends warm und selbst gekocht. Dann ist ein größerer Lebensmitteleinkauf erst morgen Nachmittag fällig.

Suchen Sie sich aus unserem Frühstücks-Rezeptkapitel (ab S. 40) ein zu Ihnen passendes erstes Low-Carb-Frühstück aus. Ideen für Mittagssnacks finden Sie sowohl im Snack-Kapitel (ab S. 46) als auch auf S. 22. Seien Sie hier bei den Mengen ruhig großzügiger als angegeben, Sie möchten sich ja mittags sattessen. Sie können auch 2 Scheiben Low-Carb-Brot dazuessen. Sie sollen jedenfalls am Nachmittag auf keinen Fall hungrig zu Ihrem ersten Low-Carb-Einkauf gehen.

Der Low-Carb-Vorrat

Wie sehen Vorratsschränke aus, wenn man kohlenhydratbewusst kochen und essen möchte? Im Folgenden stellen wir Ihnen eine gut bestückte Low-Carb-Küche vor. Wenn Sie so ausgerüstet sind, können Sie auch spontan – ganz ohne Rezept – kleine Low-Carb-Mahlzeiten zubereiten. Hier einige Beispiele:

- Tiefkühl-Gemüsemischung mit Feta oder Mozzarella
- gebratenes Tiefkühl-Fischfilet auf (geschnittenem gekauften) Salat mit Dressing nach Wahl
- kurzgebratenes Fleisch/gebratener Lachs mit Sahnespinat
- sauer eingelegter Fisch und geröstetes Low-Carb-Brot
- Garnelen mit etwas Salatmayonnaise auf Chicoréeblättern (frisch gekauft)
- krosses Knäcke mit Thunfischaufstrich (Thunfisch aus der Dose mit etwas saurer Sahne gemischt)
- Fertig-Blattsalat (frisch gekauft) mit Joghurtdressing (selbst gemacht) und roten Bohnenkernen
- Quark- oder Joghurtspeise mit aufgetauten Tiefkühl-Beeren, wahlweise auch mit etwas geraspelter Bitterschokolade und/oder gehobelten Mandeln

Kombinieren Sie nach Lust und Laune selbst weiter. Sie haben bald genug Übung im kohlenhydratarmen Einkaufen.

Tiefgekühltes Gemüse/Obst

- eine Auswahl an Tiefkühl-Kräutern (Dill, Basilikum, Petersilie, Schnittlauch, Zwiebelmischung)
- Spinat (nach Geschmack auch mit Sahne oder Käse)
- Erbsen
- gemischtes Gemüse (Kaisergemüse, Blumenkohl & Brokkoli)
- Gemüsezubereitungen (z. B. italienische, französische, mexikanische Art)
- Heidelbeeren
- Beerenmischung (bevorzugt Waldbeeren)

Tiefgekühlter Fisch/Fleisch

- Fisch, z. B. Thunfischsteak, Lachstranchen/-steak, naturbelassene Filets von (alternativ) Schellfisch, Rotbarsch, Kabeljau, Seelachs, Pangasius
- ganze ausgenommene Forellen
- geschälte Garnelen
- nach Belieben mageres Fleisch zum Kurzbraten wie Lammfilet, Rehmedaillons, Rindersteaks

Tiefgekühlter Brotvorrat

- einige Portionen aufgeschnittenes Low-Carb-Brot bzw. Low-Carb-Brötchen

Öle und Essig, Würzmittel

- Olivenöl nativ
- Rapsöl
- Weißweinessig
- nach Belieben Rotweinessig und Apfelessig
- Senf

Kerne, Gewürze, Süßes

- Pinienkerne
- Mandelstifte und -blättchen
- Paprikapulver, Muskat, Currypulver bzw. Ihre gewohnte Würzausstattung
- Bitterschokolade
- Zucker
- Stevia-Streusüße (mit Maltodextrin)

Trockenvorrat

- Linsen (am besten die schnell garenden roten, ansonsten geschälte gelbe Linsen)
- Vollkorn-Knäckebrot nach Belieben
- Vollkornpasta und/oder Couscous bzw. Bulgur
- Vollkornreis oder Wildreis

Konserven

- Tomatenmark, Tomatenpassata und gehackte Tomaten
- grüne Bohnen/Wachsbohnen
- gegarte Bohnenkerne (rot/weiß)
- Sauergemüsekonserven nach Geschmack
- eingelegter Hering

- Thunfisch im eigenen Saft
- Corned Beef

Kühlschrankvorrat

- Käse (bevorzugt fettarme Sorten, Parmesan zum Reiben)
- Butter und Butterschmalz
- Schinken (roh ungeräuchert, roh geräuchert) und Schinkenspeck
- Sahne, saure Sahne
- Joghurt und Magerquark
- Milch
- Salatmayonnaise
- Meerrettich aus dem Glas

Frisch kaufen Sie, wie bislang auch schon, alle paar Tage Obst, Gemüse, Kartoffeln nach Belieben, ggf. Frischwurstaufschnitt, Frischkäse und Low-Carb-Brot. Haben Sie davon stets eine kleine Menge zu Hause. Je nachdem, welche Gerichte aus diesem Buch auf Ihrem Low-Carb-Wochenplan stehen, müssen Sie selbstverständlich zusätzlich noch Frischfleisch oder frischen Fisch und andere, speziell für das Rezept benötigte Zutaten (z. B. Feta, Mozzarella, Rote Bete) besorgen.

Hilfe – Heißhunger!

Ihre Vorsätze und guten Absichten können schnell mal vergessen sein. Etwa weil Sie Stress haben – oder Langeweile. Oder ganz einfach, weil Sie an einer Bäckerei vorbeigehen. Vielleicht verleiten Sie auch die anderen, aus Ihrem Low-Carb-Programm auszusteigen, Ihre Freundin, die gerade einen Schokoriegel isst, Ihre Kollegen, die sich mal eben eine Pizza bestellen. Darum hier ein paar Tipps:

Sie bekommen plötzlich riesig Lust auf Brötchen mit viel Nutella auf ein großes

WISSEN

Ein paar Worte zu Zucker und Stevia

Wir haben in unseren Rezepten nicht völlig auf Zucker verzichtet. In geringen Mengen kommt er in einigen süßen Gerichten vor. Weil seine Blutzuckerwirkung umso geringer ist, je geringer die Menge ist und je mehr er im Verband mit anderen Nährstoffen gegessen und verdaut wird: Gemeinsam mit etwas Fett, wird die Aufnahme von Zucker ins Blut stark verlang-

samt, der Blutzucker schlägt nicht über die Stränge. Insulin muss nur in Maßen ausgeschüttet werden. In einigen Rezepten haben wir Stevia als Süßungsmittel eingesetzt. Diese pflanzliche Süße ist kalorienfrei, aber mehrere hundert Mal süßer als Zucker. Daher wird Stevia für die Anwendung in der Küche „verdünnt". Dazu dient Maltodextrin, ein Kohlenhydrat wie

Zucker, das genauso viele Kalorien enthält wie Zucker. Es wird aber langsamer als purer Zucker ins Blut aufgenommen. Und: Die Speisen enthalten nur geringe Mengen an Maltodextrin, dadurch dass zum Süßen nur sehr geringe Mengen an Steviasüßungsmittel benötigt werden. Stevia-Streusüße bekommen Sie inzwischen in vielen gut sortierten Supermärkten.

Stück Pizza, auf eine ganze Packung Schokokekse oder ein großes Stück Streuselkuchen? Das wird vorkommen, schließlich kennt Ihr Körper diese Speisen und Getränke – und Ihr Kopf auch. – Doch Sie können ganz gelassen mit solchen Heißhungerattacken umgehen:

Schritt 1: Sie trinken ein Glas Wasser und wenden sich dann unmittelbar einer Aufgabe zu, idealerweise einer, bei der Sie sprechen müssen. So sind Sie am besten davon abgehalten, zu essen. Und vielleicht lässt sich der Kohlenhydratheißhunger ja dadurch schon vertreiben. Wenn Ihre Gedanken dann allerdings weiter ums Essen kreisen, sollten Sie Schritt 2 in Angriff nehmen: Sie essen einen Eiweiß-Snack (siehe Kasten). Und Sie gönnen sich nach der nächsten Hauptmahlzeit einfach mal ein Stück Bitterschokolade.

Am besten umgehen Sie die Heißhungerattacken, indem Sie sich bei den Hauptmahlzeiten richtig satt essen. Und das geht am einfachsten, indem Sie zu Ihren Hauptmahlzeiten immer reichlich Rohkost oder Salat oder gegartes Gemüse dazu essen. Das füllt den Magen ordentlich, und der hat dann auch eine ausreichend lange Zeit zu tun. Zudem halten die Ballaststoffe aus einer solchen Mahlzeit den Blutzucker und damit das Insulin lange flach. Anregungen für leckere Salat- und Gemüsegerichte finden Sie im Rezeptteil (Salate ab S. 60, Gemüse ab S. 66). Alternativ können Sie natürlich auch Tiefkühlgemüse zubereiten. Es gibt inzwischen so viele verschiedene Sorten, dass die Auswahl im Supermarkt fast schon schwer fällt.

Essen außer Haus

Lassen Sie sich nicht abbringen von Ihrem Low-Carb-Programm, auch wenn Sie jeden Tag eine Hauptmahlzeit außer Haus einnehmen. Beispielsweise im Job. Und haben Sie keine Angst vor Restaurantbesuchen. Selbstverständlich können Sie zum Essen ausgehen. Sie sollen es auf jeden Fall genießen! Gerade die verschiedenen Komponenten in der Kantine kommen Ihnen entgegen.

Wenn Sie berufstätig sind und mittags regelmäßig oder ab und zu in der Kantine essen, gehen Sie ab jetzt an den Beilagen, die nicht Gemüse sind, einfach vorbei. Nehmen Sie stattdessen mehr Gemüse oder extra viel Salat. Außer Nudel-, Reis- und Kartoffelsalat, denn die sind Kohlenhydratbomben. Greifen Sie ruhig auch zu Salaten mit Bohnenkernen, die versorgen Sie mit guten Kohlenhydraten. Und auch grüne

SO GEHT'S

Eiweiß-Snacks, wenn der Heißhunger quält

Die folgenden Snacks eignen sich ideal als Erste Hilfe bei Heißhungerattacken, denn sie sättigen rasch und anhaltend.
- 1 hart gekochtes Ei mit Salz bestreut
- einige Happen eingelegter Hering (in Würzmarinade oder Sahnesauce)
- 4 Scheiben dünn aufgeschnittener Rohschinken oder 2 Scheiben gekochter Schinken
- 30 g fettarmer Camembert mit wenig Pesto bestrichen
- ½–1 Becher körniger Frischkäse, nach Belieben mit etwas rotem Pesto oder Bio-Gemüseaufstrich aromatisiert
- 1 Dose Thunfisch im eigenen Saft
- Gemüserohkost: Minitomaten, Kohlrabistückchen, Paprikascheiben, Salatgurkenscheiben …
- 200–300 ml klare Brühe (Instant)
- einige Mandeln oder Cashewnüsse oder 1 kleine Handvoll Erdnusskerne
- Götterspeise (am besten mit Süßstoff oder Stevia gesüßt)

Bohnen passen mit ihrem vergleichsweise hohen Eiweißgehalt supergut auf den Low-Carb-Speiseplan. Vorsicht Fallen:

- Es gibt Gemüsefrikadellen: Klingt verlockend, doch im Frikadellenteig sind meist reichlich Kartoffeln, Mehl oder Flocken verarbeitet. Für moderate Low-Carb-Phasen o.K.
- Es gibt Fischstäbchen. Sie sind in strengen Low-Carb-Wochen wegen der Panade nicht zu empfehlen, ansonsten o.K.

Sie bringen Ihr Essen immer schon von Zuhause mit? Prima! Das ist am einfachsten. Dann zweigen Sie entweder etwas von Ihren selbst gekochten Low-Carb-Mittagessen ab. Gegebenenfalls bedienen Sie sich einfach aus Ihren bereits in der Gefriertruhe angelegten Low-Carb-Vorräten. Oder Sie nehmen sich ein kaltes Low-Carb-Gericht mit. Ideen finden Sie im Rezeptteil bei den Frühstücken und Snacks und auf S. 22.

Häufig gestellte Fragen zum Essen außer Haus

Ich hole mir mein Essen mittags aus dem Supermarkt, beim Metzger mit Heißtheke bzw. am Würstchenstand. Was kann ich da noch essen?

Ein fertig geschnittener Salat mit Dressing Ihrer Wahl könnte eine gute Basis sein, zu der Sie ganz nach Belieben Thunfisch im eigenen Saft, Mozzarellastücken/Minimozzarellakügelchen, heiße Frikadellen oder ein Stück Brathähnchen essen. Oder Garnelen oder Räucherlachs bzw. -forelle. Und als Nachspeise gibt es Naturjoghurt und ein Stück Obst. An nicht ganz so strengen Low-Carb-Tagen können Sie zum Salat auch Vollkornknäcke mit gekauftem Aufstrich essen (z.B. Frischkäse und Pesto, z.B. Zwiebelmett, z.B. Gemüse- oder Linsenaufstrich aus dem Glas bzw. dem Döschen). Sie bestellen regelmäßig bei einem Lieferservice, dann lesen Sie, was beim Restaurant steht.

Ich habe mir morgens immer was vom Bäcker mitgenommen. Das geht jetzt nicht mehr, oder?

Sie werden beim Bäcker kaum etwas mit nur wenig Kohlenhydraten bekommen. Also bringen Sie ihr Low-Carb-Essen einfach von zu Hause mit. Anregungen für transportierbare Minigerichte finden Sie im Frühstücks- und im Snackkapitel. Das Mandelbrot eignet sich als Unterlage für Frischkäse, dazu Rohkost. Gurken-Hüttenkäse und Lachs (Rezept S. 46), den Lachs separat mitnehmen. Oder stattdessen milden Rohschinken dazu essen.

Was kann ich im Restaurant bedenkenlos essen?

Restaurantbesuche klappen gut, wenn Sie sich trauen, Beilagen ab- bzw. umzubestellen. Das ist in jedem Fall besser als Nudeln, Reis, Kartoffeln und Pommes einfach auf dem Teller liegen zu lassen. Fragen Sie, ob Sie stattdessen mehr Gemüse bekommen können oder nehmen Sie reichlich Salat am Salatbuffet. Wenn es ein Dessert sein soll, wählen Sie Eis mit frischen Früchten oder eine Cremespeise. Spätestens bei der Nachspeise werden Sie in jedem Fall eine Portion Kohlenhydrate in Kauf nehmen. Doch genießen Sie Ihr Essen, hören Sie auf, wenn Sie satt sind, auch wenn der Teller noch nicht leer ist. Und lassen Sie zu Hause einfach ein paar strengere Low-Carb-Mahlzeiten folgen.

Was tun, wenn ich es bei einer Einladung zum Abendessen oder auf einer Party mit den Kohlenhydraten übertrieben habe?

Werfen Sie vor allem nicht Ihre ganzen guten Low-Carb-Vorsätze über Bord, nur weil es an einem Abend nicht geklappt hat. Natürlich sollte Low Carb die Regel sein in Ihren Abnehm-Wochen oder vielleicht gar Monaten. Sie möchten ja schließlich Gewicht verlieren. Sehen Sie Ihren Kohlenhydrat-Ausrutscher aber weniger als Sünde, sondern einfach nur als Bremse für den Abnehmerfolg. Denn das ist er tatsächlich. Wahrscheinlich werden Sie am nächsten Tag frustriert auf Ihre Waage schauen, die MEHR Gewicht anzeigt, gegebenenfalls sogar unverhältnismäßig mehr im Vergleich zu Ihrem Kohlenhydrat-Ausrutscher. Das ist frustrierend. ABER: Es ist zunächst nur Wasser, was Sie da an neu dazugekommenem Gewicht wiegen. Wenn Sie direkt zu Ihrer gewohnten Low-Carb-Routine zurückkehren, werden die Zellen das Wasser wieder abgeben, und Sie werden spätestens nach ein paar Tagen geregeltem Low-Carb-Leben wieder im schönsten Abnehm-Modus sein.

Schnelle KH-arme Snacks ganz ohne Kochen

Wie funktioniert eine Low-Carb-Brotzeit? Sehen Sie selbst: Auf dieser Seite finden Sie vielfältige Vorschläge für eine ganze Menge an kalten und auch ein paar warme Low-Carb-Mahlzeiten ganz ohne Kochen. Dazu benötigen Sie jeweils nur wenige Zutaten. Manche haben Sie vielleicht schon im Kühlschrank. Alle anderen sind flugs beim Discounter ums Eck gekauft. Oder am davorstehenden Hähnchenwagen bzw. an der Heißtheke im Supermarkt.

- **Frikadelle** (fertig gekauft) mit 2 EL Kartoffelsalat verfeinert mit reichlich gehobelter Gurke sowie 1 EL Tzatziki
- **¼ Brathähnchen** aus der Heißtheke im Supermarkt oder vom Hähnchengrillwagen auf Salat (fertig geschnitten gekauft) mit Maiskörnern darin und Dressing nach Wahl
- **1 Stück Räucherforelle** auf einem Bett von Feldsalat mit Quarkdressing (gekaufter Paprikaquark mit Wasser zum Dressing verrührt)
- **(Zwiebel-)Mett** auf 1 Scheibe mit 1 TL Butter bestrichenem Low-Carb-Brot, dazu saure Gürkchen oder Salatgurke oder Radieschen
- **Mini-Mozzarellakugeln** halbiert, gemischt mit Cocktailtomaten, Basilikum und Rohschinken
- **Spiegelei und Rohschinken** (hier geht's nicht ohne Herd) zu grünem Salat nach Belieben mit etwas Salatmayonnaise serviert
- **½ kleine reife Avocado** mit Zitrone zerdrückt, mit Salz und Pfeffer gewürzt auf Low-Carb-Brot oder einer Scheibe Vollkornknäcke
- **Kasselerstreifen** auf gekauftem Mischsalat mit Joghurtdressing
- **Garnelen/Nordseekrabben/Krebsschwänze** in Tzatziki oder in 100 g mit Milch oder Wasser löffelflüssig gerührtem Frischkäse (Geschmacksrichtung nach Wahl, z. B. Ananas, Paprika, Pfeffer)
- **1 gekochtes Ei** in Scheiben geschnitten mit Garnelenpaste auf Gurkenscheiben, dazu nach Belieben 1 Scheibe Vollkorntoast
- **Bratenaufschnitt** mit Meerrettich auf gebuttertem Low-Carb-Brot
- **gegarte Bohnenkerne** (Konserve) mit Parmesanspänen und Chicoréestreifen zum Salat angemacht (Dressing mit saurer Sahne, Essig, etwas Öl, Salz, Pfeffer)
- **Gemüseaufstrich** aus dem Bioladen bzw. dem Bioregal im Supermarkt auf dünn mit Butter bestrichenem Low-Carb-Brot
- **1 EL Pesto** (grün oder rot) mit 2 EL fettarmem Frischkäse vermengt als Dip zu Rohkoststicks (Paprika, Gurke, Möhre, Stangensellerie, Kohlrabi)
- **Spargel aus dem Glas**, umwickelt mit zartem ungeräuchertem Rohschinken (z. B. Parmaschinken) oder mit gekochtem Schinken
- **2 kleine bzw. dünne Käsescheiben,** 25 g (Schnittkäse oder auch Blauschimmelkäse) in Salatblätter/Chinakohlblätter eingerollt oder auf Chicoréeblätter gelegt
- **2–3 (Mini-)Frikadellen** (fertig gekauft) mit etwas Salatmayonnaise auf Salatstreifen mit Essig-Öl-Dressing.
- **50 g Frischkäse** – natur oder in der Geschmacksrichtung nach Wahl mit Gemüsesticks oder auch mit Apfelscheiben gedippt.
- **Obstmix** zum Gabeln oder Löffeln aus der Frischtheke im Supermarkt mit Knuspermüsli
- **2 Hand voll Nussmischung** zu 500 ml mit Beeren gemixter Buttermilch.

Das 8-Wochen-Low-Carb-Programm

Dieses Programm ist für den Ausdauer-Abnehmtyp gemacht: Mit deutlich weniger Kohlenhydraten als in Ihrer gewohnten Alltags-Ernährung und einer nur mäßig reduzierten Gesamtenergiezufuhr können Sie Ihren Stoffwechsel schonend auf Abnehmen umstellen.

Nun ist er also da, der erste Tag, an dem Sie kohlenhydratbewusst und kohlenhydratarm essen werden. Schönen guten Low-Carb-Morgen! Sie sollen sich 3-mal am Tag sattessen: morgens, mittags, abends, und möglichst nicht mehr als eine Zwischenmahlzeit einlegen (entweder vormittags oder nachmittags). Nur so bekommt Ihr Körper in den essens- und verdauungsfreien Phasen auch ausreichend Zeit, um an seine Fettreserven gehen zu können und die Energie daraus zu mobilisieren. Auf den folgenden Seiten finden Sie einen 2-Wochen-Plan, zusammengestellt aus den Rezepten dieses Buches. Das macht Ihnen den Einstieg ins Low-Carb-Programm besonders leicht. Wenn Sie von dem einen oder anderen in diesem Buch vorgestellten Gemüse-, Fisch- oder Fleischrezepten nicht satt werden, gibt es mehrere Möglichkeiten:

- Entweder Sie essen – wenn Sie alleine sind bzw. in Ihrer Familie als Einzige(r) Low Carb essen – die gesamte Portion.
- Oder Sie essen 1–2 Scheiben dünn mit Butter bestrichenes Knäckebrot oder Low-Carb-Brot dazu.
- Oder Sie gönnen sich ein Dessert: z. B. einen Latte Macchiato oder Obstquark oder mit frischen Früchten bzw. mit 2 EL Mandelblättchen gemischten Joghurt oder eine Handvoll Studentenfutter.

Es ist in meinem Programm auf den folgenden Seiten jeden Tag eine zweite Zwischenmahlzeit vorgesehen und in den Gesamtkalorien sowie den Gesamtkohlenhydraten einberechnet. Die Zwischenmahlzeit können Sie austauschen und wahlweise vormittags oder nachmittags einnehmen. Und Sie können auch die »Zwischenmahlzeit nach Wahl«, die wir in der Tabelle vormittags eingetragen haben, komplett streichen – das spart ca. 200 kcal und 5 g Kohlenhydrate. An Tagen, an denen zum Frühstück eine Bananenwaffel vorgeschlagen wird, bietet es sich an, eine weitere zur Zwischenmahlzeit nach Wahl zu essen, wenn Sie möchten. Denn der Teig reicht für 6–7 Waffeln.

Falls bei den vorgeschlagenen Fleisch- und Fischgerichten in den Rezepten eine Beilage nicht explizit in der Zubereitung mitangegeben ist, können Sie sich ganz nach eigenem Geschmack aus den Gemüse- oder Salatrezepten bedienen. Die zugehörigen Kalorien- und Kohlenhydratmengen sind im Gesamtergebnis vernachlässigbar. Denn Kohlenhydrate aus Gemüse und Hülsenfrüchten sind immer „gute" Kohlenhydrate: Zum einen, weil sie uns gleichzeitig immer auch wichtige Mineralstoffe und Vitamine liefern, ohne die unser Organismus nicht in der Lage wäre, rasch abzunehmen und dabei gesund zu bleiben. Zum anderen sind Gemüse- und Hülsenfrucht-Kohlenhydrate deswegen so hilfreich beim Abnehmen, weil sie immer nur nach und nach aus dem Verdauungstrakt ins Blut gelangen. Damit erhöhen sie den Insulinspiegel nur gering. Verdauungsverlangsamend wirken die in diesen pflanzlichen Nahrungsmitteln ebenfalls enthaltenen Ballaststoffe und Eiweiße.

Das moderate 8-Wochen-Programm

Woche	Tag	Morgens	Zwischenmahlzeit (S. 22)	Mittags
1	Mo	Rührei mit Schinken (S. 40)	nach Wahl	Schaschlik mit Mais-Tomaten-Sauce (S. 91)
	Di	Blitzschnelle Schokoladenmousse (S. 42)	nach Wahl	Fischsuppe mit Tomaten (S. 55)
	Mi	Räucherlachs mit Gurken-Hüttenkäse (S. 40)	nach Wahl	Eintopf mit Paprika und Staudensellerie (S. 73)
	Do	Käseomelett (S. 40)	nach Wahl	Blumenkohl-Brokkoli-Gratin (S. 71)
	Fr	Himbeer-Joghurt-Shake (S. 44)	nach Wahl	Auberginen-Schollen-Röllchen (S. 79)
	Sa	Apfel-Bananen-Shake (S. 43)	nach Wahl	Fischspieße mit Curry-Paprika-Sauce (S. 83)
	So	Bananenwaffeln (S. 44) (1 von 7 Stück)	nach Wahl	Pesto-Hähnchen (S. 106)
2	Mo	Käseomelett (S. 40)	nach Wahl	Wermut-Suppe (S. 52) (1 von 3 Portionen)
	Di	Räucherlachs mit Gurken-Hüttenkäse + 2 Sch. Low-Carb-Brot (S. 40)	nach Wahl	Grüne Erbsensuppe mit Würstchen (S. 57)
	Mi	Himbeer-Joghurt-Shake (S. 44)	nach Wahl	Chili con Carne (S. 87) (1 von 6 Portionen)
	Do	Apfel-Bananen-Shake (S. 43)	nach Wahl	Auberginenlasagne (S. 73)
	Fr	Bananenwaffeln (1 von 7 Stück) (S. 44)	nach Wahl	Pangasiusfilet mit Frühlingszwiebeln und Möhren (S. 81)
	Sa	Erdbeer-Kiwi-Joghurt (S. 43)	nach Wahl	Mediterranes Schnitzel (S. 89)
	So	Apfel-Kiwi-Quark (S. 43)	nach Wahl	Garnelenspieße mit knusprigen Gemüse-päckchen (S. 103)
3	Mo	Himbeer-Joghurt-Shake (S. 44)	nach Wahl	Kohlrabischnitzel mit Schnittlauchquark (S. 75)
	Di	Rührei mit Schinken (S. 40)	nach Wahl	Lachssteak-Päckchen (S. 81)
	Mi	Käseomelett (S. 40)	nach Wahl	Rote Linsensuppe (S. 59)
	Do	Blitzschnelle Schokoladenmousse (S. 42)	nach Wahl	Kasseler mit Spitzkohl (S. 91)

Nachmittags	Abends	Tages-Kalorien (kcal)	Gesamt-Kohlenhydrate (g)
Käsekuchen (S. 95)	Gefüllte Pesto-Eier (S. 49)	1800	55
Erdbeermousse (1 von 3 Portionen) (S. 97)	Blumenkohlsalat (1 von 3 Portionen) (S. 65)	1450	65
Erdbeer-Melonen-Salat (S. 97)	Hüttenkäse mit Lachs (S. 46)	1500	65
Muffins (S. 94)	Pikanter Heringssalat (S. 60)	1950	34
Gefrorener Heidelbeer-Joghurt (1 von 2 Portionen) (S. 92)	Eiersalat (S. 60)	1450	65
Überbackene Käse-Birnen (S. 95)	Mozzarella im Schinkenmantel (S. 46)	1450	75
Kokoseis (S. 92)	Fenchelsalat + 2 Scheiben Low-Carb-Brot (S. 63)	1450	40
Erdbeermousse (1 von 3 Portionen) (S. 97)	Gefüllter Mozzarella (S. 48)	1750	45
Muffins (S. 94)	Hüttenkäse mit Lachs (S. 46)	1650	50
Pflaumen-Kiwi-Gratin (S. 95)	Zucchinisalat mit Kirschtomaten (S. 63)	1450	75
Mango auf Kokoscreme (S. 92)	Gefüllte Avocado (S. 51)	1500	75
Himbeer-Quark-Soufflé (S. 96)	Mariniertes Gemüse (S. 51)	1500	70
Überbackene Käse-Birnen (S. 95)	Sommersalat mit Hähnchenbrust (S. 65)	1500	75
Gefrorener Heidelbeer-Joghurt (1 von 2 Portionen) (S. 92)	Griechischer Bauernsalat (S. 60)	1600	70
Beerensalat auf Limettenjoghurt (1 von 3 Portionen) (S. 97)	Mozzarella im Schinkenmantel (S. 46)	1550	70
Gefrorener Heidelbeer-Joghurt (1 von 2 Portionen) (S. 92)	Farmersalat (1 von 3 Portionen) (S. 63)	1550	55
Überbackene Käse-Birnen (S. 95)	Schinken-Käse-Röllchen (S. 46)	1850	60
Beerensalat auf Limettenjoghurt (1 von 3 Portionen) (S. 97)	Meerrettichcreme in Spitzpaprika (S. 49)	1600	60

Woche	Tag	Morgens	Zwischenmahlzeit (S. 22)	Mittags
	Fr	Erdbeer-Kiwi-Joghurt (S. 43)	nach Wahl	Kabeljau auf Orangensauce (S. 79)
	Sa	Räucherlachs mit Gurken-Hüttenkäse (S. 40)	nach Wahl	Saltimbocca (S. 98)
	So	Apfel-Bananen-Shake (S. 43)	nach Wahl	Gemüsestrudel mit Avocadocreme (S. 104)
4	Mo	Käseomelett (S. 40)	nach Wahl	Gulaschsuppe mit Rahm (S. 52)
	Di	Räucherlachs mit Gurken-Hüttenkäse + 2 Scheiben Low-Carb-Brot (S. 40)	nach Wahl	Überbackene Eier im Spinatbett (S. 75)
	Mi	Himbeer-Joghurt-Shake (S. 44)	nach Wahl	Schaschlik mit Mais-Tomatensauce (S. 91)
	Do	Apfel-Bananen-Shake (S. 43)	nach Wahl	Entenbrust in Orangensauce (S. 84)
	Fr	Bananenwaffeln (1 von 7 Stück) (S. 44)	nach Wahl	Rotbarsch in Zitronensauce (S. 83)
	Sa	Erdbeer-Kiwi-Joghurt (S. 43)	nach Wahl	Blumenkohl-Brokkoli-Gratin (S. 71)
	So	Apfel-Kiwi-Quark (S. 43)	nach Wahl	Gefüllte Forellen auf Möhren-Sellerie-Gemüse (S. 101)
5	Mo	Himbeer-Joghurt-Shake (S. 44)	nach Wahl	Rote-Linsen-Gemüse-Paella (S. 69)
	Di	Rührei mit Schinken (S. 40)	nach Wahl	Fleischbällchen in Tomatensauce (S. 87)
	Mi	Erdbeer-Kiwi-Joghurt (S. 43)	nach Wahl	Pangasiusfilet mit Frühlingszwiebeln und Möhren (S. 81)
	Do	Blitzschnelle Schokoladenmousse (S. 42)	nach Wahl	Möhrensuppe (S. 57)
	Fr	Käseomelett (S. 40)	nach Wahl	Lachsforellenstreifen mit Erbsenpüree (S. 82)
	Sa	Räucherlachs mit Gurken-Hüttenkäse + 2 Scheiben Low-Carb-Brot (S. 40)	nach Wahl	Mediterranes Schnitzel (S. 89)
	So	Erdbeer-Kiwi-Joghurt (S. 43)	nach Wahl	Hackbraten mit Eiern (1 von 6 Portionen) (S. 105)
6	Mo	Rührei mit Schinken (S. 40)	nach Wahl	Mangoldroulade mit Tomatensauce (S. 66)
	Di	Blitzschnelle Schokoladenmousse (S. 42)	nach Wahl	Kasseler mit Spitzkohl (S. 91)

Nachmittags	Abends	Tages-Kalo-rien (kcal)	Gesamt-Kohlen-hydrate (g)
Erdbeer-Melonen-Salat (S. 97)	Chicorée-Orangen-Salat + 2 Scheiben Low-Carb-Brot (S. 62)	1450	100
Himbeer-Quark-Soufflé (S. 96)	Pikanter Heringssalat (S. 60)	1700	60
Muffins (S. 94)	Eiersalat (S. 60)	1600	65
Mango auf Kokoscreme (S. 92)	Farmersalat (1 von 3 Portionen) (S. 63)	1500	65
Käsekuchen (S. 95)	Pikanter Heringssalat (S. 60)	1500	45
Käsekuchen (S. 95)	Gefüllter Mozzarella (S. 48)	1550	65
Überbackene Käse-Birnen (S. 95)	Blumenkohlsalat + 2 Scheiben Low-Carb-Brot (S. 65)	1300	85
Erdbeer-Melonen-Salat (S. 97)	Fenchelsalat (S. 63)	1400	70
Pflaumen-Kiwi-Gratin (S. 95)	Tomaten mit Käsecreme (S. 49)	1600	65
Muffins (S. 94)	Zucchinisalat mit Kirschtomaten + 2 Scheiben Low-Carb-Brot (S. 63)	1750	60
Mango auf Kokoscreme (S. 92)	Gefüllte Avocado (S. 51)	1500	95
Beerensalat auf Limettenjoghurt (1 von 3 Portionen) (S. 97)	Mariniertes Gemüse (S. 51)	1750	60
Kokoseis (S. 92)	Schinken-Käse-Röllchen (S. 46)	1650	60
Himbeer-Quark-Soufflé (S. 96)	Griechischer Bauernsalat (S. 60)	1600	70
Pflaumen-Kiwi-Gratin (S. 95)	Sommersalat mit Hähnchenbrust (S. 65)	1900	60
Gefrorener Heidelbeer-Joghurt (1 von 2 Portionen) (S. 92)	Chicorée-Orangen-Salat (S. 62)	1500	60
Käsekuchen (S. 95)	Gefüllte Riesenchampignons + 2 Scheiben Low-Carb-Brot (S. 51)	1700	70
Muffins (S. 94)	Pikanter Heringssalat (S. 60)	1800	45
Käsekuchen (S. 95)	Gefüllte Pesto-Eier (S. 49)	1750	55

Woche	Tag	Morgens	Zwischenmahlzeit (S. 22)	Mittags
	Mi	Räucherlachs mit Gurken-Hüttenkäse + 2 Scheiben Low-Carb-Brot (S. 40)	nach Wahl	Puten-Paprika-Gulasch (S. 84)
	Do	Käseomelett (S. 40)	nach Wahl	Gazpacho (S. 57)
	Fr	Himbeer-Joghurt-Shake (S. 44)	nach Wahl	Fisch-Brokkoli-Auflauf (1 von 2 Portionen) (S. 76)
	Sa	Apfel-Bananen-Shake (S. 43)	nach Wahl	Grüne Erbsensuppe mit Würstchen (S. 57)
	So	Bananenwaffeln (1 von 7 Stück) (S. 44)	nach Wahl	Gefüllte Zucchini mit Flusskrebsfleisch (S. 107)
7	Mo	Käseomelett (S. 40)	nach Wahl	Rindergeschnetzeltes mit Zuckerschoten (S. 91)
	Di	Räucherlachs mit Gurken-Hüttenkäse + 2 Scheiben Low-Carb-Brot (S. 40)	nach Wahl	Rotbarsch in Zitronensauce (S. 83)
	Mi	Himbeer-Joghurt-Shake (S. 44)	nach Wahl	Italienische Tomatensuppe + 2 Scheiben Low-Carb-Brot (S. 55)
	Do	Apfel-Bananen-Shake (S. 43)	nach Wahl	Ratatouille + 2 Scheiben Low-Carb-Brot (S. 69)
	Fr	Bananenwaffeln (1 von 7 Stück) (S. 44)	nach Wahl	Barsch in Weißweinsauce (S. 76)
	Sa	Erdbeer-Kiwi-Joghurt (S. 43)	nach Wahl	Kalbsschnitzel im Kressemantel (S. 89)
	So	Apfel-Kiwi-Quark (S. 43)	nach Wahl	Schweinefilet mit Parmesankruste und Bohnengemüse (S. 106)
8	Mo	Räucherlachs mit Gurken-Hüttenkäse (S. 40)	nach Wahl	Zucchinipuffer mit Kräuterquark (S. 66)
	Di	Rührei mit Schinken (S. 40)	nach Wahl	Hähnchenkeulen aus dem Ofen (S. 90)
	Mi	Käseomelett (S. 40)	nach Wahl	Zwiebelsuppe + 2 Scheiben Low-Carb-Brot (S. 59)
	Do	Blitzschnelle Schokoladenmousse (S. 42)	nach Wahl	Zucchinisuppe mit Schinkenwürfeln (S. 52)
	Fr	Erdbeer-Kiwi-Joghurt (S. 43)	nach Wahl	Loup de Mer mit Salbeibutter (S. 76)
	Sa	Räucherlachs mit Gurken-Hüttenkäse (S. 40)	nach Wahl	Gulaschsuppe mit Rahm (S. 52)
	So	Apfel-Bananen-Shake (S. 43)	nach Wahl	Saibling im Salzteig (S. 101)

Nachmittags	Abends	Tages-Kalo-rien (kcal)	Gesamt-Kohlen-hydrate (g)
Überbackene Käse-Birnen (S. 95)	Blumenkohlsalat (1 von 3 Portionen) + 2 Scheiben Low-Carb-Brot (S.65)	1400	60
Himbeer-Quark-Soufflé (S. 96)	Meerrettichcreme in Spitzpaprika + 2 Scheiben Low-Carb-Brot (S.49)	1400	55
Erdbeermousse (1 von 3 Portionen) (S. 97)	Zucchinisalat mit Kirschtomaten (S.63)	1400	65
Pflaumen-Kiwi-Gratin (S. 95)	Tomaten mit Käsecreme (S.49)	1500	90
Beerensalat auf Limettenjoghurt (1 von 3 Portionen) (S. 97)	Fenchelsalat (S.63)	1400	55
Pflaumen-Kiwi-Gratin (S. 95)	Gefüllte Riesenchampignons (S.51)	1600	55
Kokoseis (S. 92)	Farmersalat (1 von 3 Portionen) + 2 Scheiben Low-Carb-Brot (S.63)	1400	55
Himbeer-Quark-Soufflé (S. 96)	Hüttenkäse mit Lachs (S.46)	1400	75
Kokoseis (S. 92)	Gefüllte Avocado (S.51)	1400	65
Erdbeermousse (1 von 3 Portionen) (S. 97)	Gefüllter Mozzarella (S.48)	1700	40
Mango auf Kokoscreme (S. 92)	Sommersalat mit Hähnchenbrust (S.65)	1500	80
Erdbeer-Melonen-Salat (S. 97)	Eiersalat (S.60)	1550	70
Überbackene Käse-Birnen (S. 95)	Schinken-Käse-Röllchen (S.46)	1900	55
Mango auf Kokoscreme (S. 92)	Pikanter Heringssalat (S.60)	1850	60
Kokoseis (S. 92)	Tomaten mit Käsecreme (S.49)	1650	35
Himbeer-Quark-Soufflé (S. 96)	Mozzarella im Schinkenmantel (S.46)	1600	70
Erdbeermousse (1 von 3 Portionen) (S. 97)	Chicorée-Orangen-Salat (S.62)	1500	70
Gefrorener Heidelbeer-Joghurt (1 von 2 Portionen) (S. 92)	Farmersalat (1 von 3 Portionen) + 2 Scheiben Low-Carb-Brot (S. 63)	1400	55
Erdbeer-Melonen-Salat (S. 97)	Griechischer Bauernsalat (S. 60)	1400	75

Für Eilige: 2 Wochen Low Carb

Dieses Programm ist für die Ungeduldigen gedacht: Mit nur etwa 30 g Kohlenhydraten am Tag nehmen Sie in 2 Wochen rasant einige Kilogramm ab. Oder Sie starten mit dem strengen 2-Wochen-Programm und steigen dann in das sanftere 8-Wochen-Programm ein. Bedenken Sie aber, dass Sie sich während dieser zweiwöchigen Low-Carb-Kur immer wieder außerhalb der Wohlfühlzone befinden werden.

Das straffe 2-Wochen-Programm

Woche	Tag	Morgens	Zwischenmahlzeit (S. 22)	Mittags
1	Mo	Käseomelett (S. 40)	nach Wahl	Blumenkohl-Brokkoli-Gratin (S. 71)
	Di	Räucherlachs mit Gurken-Hüttenkäse (S. 40)	nach Wahl	Saltimbocca (S. 98)
	Mi	Mandelbrot + 20 g vegetarischer Aufstrich (S. 44)	nach Wahl	Gemüsestrudel mit Avocadocreme (S. 104)
	Do	Käseomelett (S. 40)	nach Wahl	Gulaschsuppe mit Rahm (S. 52)
	Fr	1 Bananenwaffel (S. 44)	nach Wahl	Gefüllte Forellen auf Möhren-Sellerie-Gemüse (S. 101)
	Sa	Rührei mit Schinken (S. 40)	nach Wahl	Mangoldrouladen mit Tomatensauce (S. 66)
	So	Räucherlachs mit Gurken-Hüttenkäse (S. 40)	nach Wahl	Kasseler mit Spitzkohlgemüse (S. 91)
2	Mo	Rührei mit Schinken (S. 40)	nach Wahl	Auberginenlasagne (S. 73)
	Di	Käseomelett (S. 40)	nach Wahl	Mediterranes Schnitzel (S. 89)
	Mi	Mandelbrot + 20 g vegetarischer Aufstrich (S. 44)	nach Wahl	Lachssteak-Päckchen (S. 81)
	Do	Bananenwaffeln (1 von 7 Stück) (S. 44)	nach Wahl	Pesto-Hähnchen (S. 106)
	Fr	Mandelbrot + 20 g vegetarischer Aufstrich (S. 44)	nach Wahl	Hähnchenkeulen aus dem Ofen (S. 90)
	Sa	Räucherlachs mit Gurken-Hüttenkäse (S. 40)	nach Wahl	Blumenkohl-Brokkoli-Gratin (S. 71)
	So	Bananenwaffeln (1 von 7 Stück) (S. 44)	nach Wahl	Barsch in Weißweinsauce (S. 76)

Durchhalten lohnt sich in jedem Fall; Ihr Spiegel wird es Ihnen bereits nach einer Woche bestätigen, dass sich auch weitere 7 Tage noch lohnen werden. Und wenn Sie dann Gefallen am Abnehmen gefunden haben, scheuen Sie sich nicht, mit unserem viel komfortableren und dennoch abnehmsicheren 8-Wochen-Low-Carb-Programm (S. 23) weiterzumachen.

Im folgenden Plan ist jeden Tag eine Zwischenmahlzeit vorgesehen und in den Gesamtkalorien und -kohlenhydraten einberechnet. Es sind dafür 200 Kalorien und 5 g Kohlenhydrate bereits mit im Gesamtergebnis in den rechten Spalten miteinberechnet. Die Zwischenmahlzeit können Sie wahlweise vormittags oder nachmittags einnehmen. Lassen Sie sich von den Ideen auf S. 22 inspirieren. An Tagen, bei denen zum Frühstück eine Bananenwaffel vorgeschlagen wird, bietet es sich an, eine weitere zur Zwischenmahlzeit zu essen. Denn der Teig reicht für 6–7 Waffeln.

Nachmittags	Abends	Tages-Kalorien (kcal)	Gesamt-Kohlenhydrate (g)
Muffins (S. 94)	Hüttenkäse mit Lachs (S. 46)	1850	25
Mango auf Kokoscreme (S. 92)	Schinken-Käse-Röllchen (S. 46)	1750	30
Muffins (S. 94)	Eiersalat (S. 60)	1450	35
Gefrorener Heidelbeer-Joghurt (1 von 2 Portionen) (S. 92)	Gefüllter Mozzarella (S. 48)	1600	35
Muffins (S. 94)	Zucchinisalat mit Kirschtomaten (S. 63)	1550	30
Erdbeermousse (S. 97)	Griechischer Bauernsalat (S. 60)	1800	30
Käsekuchen (S. 95)	Gefüllte Riesenchampignons (S. 51)	1450	30
Käsekuchen (S. 95)	Gefüllte Pesto-Eier (S. 49)	1400	30
Erdbeermousse (S. 97)	Blumenkohlsalat (1 von 3 Portionen) (S. 65)	1400	30
2 Muffins (S. 94)	Fenchelsalat (S. 63)	1250	30
Kokoseis (S. 92)	Mariniertes Gemüse (S. 51)	1600	30
Pflaumen-Kiwi-Gratin (S. 95)	Sommersalat mit Hähnchenbrust (S. 65)	1300	30
Beerensalat auf Limettenjoghurt (1 von 3 Portionen) (S. 97)	Tomaten mit Käsecreme (S. 49)	1600	30
Erdbeermousse (1 von 3 Portionen) (S. 97)	Gefüllter Mozzarella (S. 48)	1850	30

So viele Kohlenhydrate enthalten die Rezepte

In der folgenden Tabelle finden Sie alle Rezepte dieses Buches aufgeführt mit Ihren Portions-Kohlenhydratgehalten. Wenn Sie mit Low Carb abnehmen wollen, sollten Sie nicht mehr als 100 g Kohlenhydrate am Tag zu sich nehmen.

Es ist ganz einfach: Je weniger Kohlenhydrate Sie essen, umso schneller nehmen Sie ab. Aber bitte: Voraussetzung ist, dass Sie sich dennoch bei jeder Mahlzeit satt essen. Ansonsten werden Sie ständig mit lästigen Heißhungerattacken zu kämpfen haben. Mithilfe folgender Tabelle können Sie Gerichte selbst kombinieren.

- ☐ hinterlegt sind Kohlenhydratmengen bis einschließlich 10 g pro Portion
- ☐ hinterlegt sind Kohlenhydratmengen ab 11 g bis einschließlich 20 g pro Portion
- ☐ hinterlegt sind Kohlenhydratmengen ab 21 g bis einschließlich 30 g pro Portion

Die Rezepte aus diesem Buch und ihr Kohlenhydratgehalt

Seite		Personen/Stück	Gesamt-Kohlenhydrate in Gramm	Kohlenhydrate pro Portion in Gramm
	Frühstück			
40	Käseomelett	2 Pers.	3,6	1,8
40	Rührei mit Schinken	2 Pers.	9,2	4,6
40	Räucherlachs mit Gurken-Hüttenkäse	2 Pers.	5,4	2,7
42	Blitzschnelle Schokoladenmousse	2 Pers.	41,4	20,7
43	Apfel-Kiwi-Quark	2 Pers.	57,0	28,5
43	Erdbeer-Kiwi-Joghurt	2 Pers.	59,1	29,6
43	Apfel-Bananen-Shake	2 Pers.	59,2	29,6
44	Himbeer-Joghurt-Shake	2 Pers.	36,4	18,2
44	Mandelbrot	1 Brot/20 Sch.	40,0	2,0
44	Bananenwaffeln	6–7 Waffeln	31,8	5,3–4,5
	Snacks			
46	Hüttenkäse mit Lachs	2 Pers.	13,5	6,8

Seite		Personen/Stück	Gesamt-Kohlen-hydrate in Gramm	Kohlenhydrate pro Portion in Gramm	
46	Mozzarella im Schinkenmantel	2 Pers.	9,8	4,9	
46	Schinken-Käse-Röllchen	2 Pers.	1,1	0,6	
48	Gefüllter Mozzarella	2 Pers.	5,4	2,7	
49	Tomaten mit Käsecreme	2 Pers.	14,7	7,4	
49	Gefüllte Pesto-Eier	2 Pers.	12,2	6,1	
49	Meerrettichcreme in Spitzpaprika	2 Pers.	15,9	8,0	
51	Gefüllte Riesenchampignons	2 Pers.	7,9	4,0	
51	Mariniertes Gemüse	2 Pers.	17,8	8,9	
51	Gefüllte Avocado	2 Pers.	5,2	2,6	
	Suppen				
52	Gulaschsuppe mit Rahm	2 Pers.	17,9	9,0	
52	Wermut-Suppe	2–3 Pers.	53,9	27,0	–18,0
52	Zucchinisuppe mit Schinkenwürfeln	2 Pers.	15,8	7,9	
55	Italienische Tomatensuppe	2 Pers.	20,8	10,4	
55	Fischsuppe mit Tomaten	2 Pers.	37,6	18,8	
57	Grüne Erbsensuppe mit Würstchen	2 Pers.	54,8	27,4	
57	Möhrensuppe	2 Pers.	14,3	7,2	
57	Gazpacho	2 Pers.	29,1	14,6	
59	Zwiebelsuppe	2 Pers.	13,7	6,9	
59	Rote Linsensuppe	2 Pers.	54,7	27,4	
	Salate				
60	Griechischer Bauernsalat	2 Pers.	12,5	6,3	
60	Eiersalat	2 Pers.	4,3	2,2	
60	Pikanter Heringssalat	2 Pers.	37,6	18,8	
62	Chicorée-Orangen-Salat	2 Pers.	34,9	17,5	

Seite		Personen/Stück	Gesamt-Kohlen-hydrate in Gramm	Kohlenhydrate pro Portion in Gramm
63	Zucchinisalat mit Kirschtomaten	2 Pers.	10,7	5,4
63	Fenchelsalat	2 Pers.	26,7	13,4
63	Farmersalat	2–3 Pers.	62,5	31,3 −20,8
65	Sommersalat mit Hähnchenbrust	2 Pers.	13,3	6,7
65	Blumenkohlsalat	2–3 Pers.	12,6	6,3–4,2
	Gemüse			
66	Zucchinipuffer mit Kräuterquark	2 Pers.	40,6	20,3
66	Mangoldrouladen mit Tomatensauce	2 Pers.	10,8	5,4
69	Ratatouille	2 Pers.	33,2	16,6
69	Rote-Linsen-Gemüse-Paella	2 Pers.	79,7	39,9
71	Buntes Pfannengemüse	2 Pers.	12,5	6,3
71	Blumenkohl-Brokkoli-Gratin	2 Pers.	13,6	6,8
71	Rosenkohlgemüse	2 Pers.	23,9	12,0
73	Auberginenlasagne	2 Pers.	22,0	11,0
73	Eintopf mit Paprika und Staudensellerie	2 Pers.	29,1	14,6
75	Überbackene Eier im Spinatbett	2 Pers.	6,2	3,1
75	Kohlrabischnitzel mit Schnittlauchquark	2 Pers.	52,2	26,1
	Fisch			
76	Fisch-Brokkoli-Auflauf	2–3 Pers.	21,2	10,6–7,1
76	Barsch in Weißweinsauce	2 Pers.	20,3	10,2
76	Loup de Mer mit Salbeibutter	2 Pers.	1,6	0,8
79	Auberginen-Schollen-Röllchen	2 Pers.	18,6	9,3
79	Kabeljau auf Orangensauce	2 Pers.	23,7	11,9
81	Pangasiusfilet mit Frühlingszwiebeln und Möhren	2 Pers.	39,8	19,9
81	Lachssteak-Päckchen	2 Pers.	7,4	3,7

Seite		Personen/Stück	Gesamt-Kohlen-hydrate in Gramm	Kohlenhydrate pro Portion in Gramm	
82	Lachsforellenstreifen mit Erbsenpüree	2 Pers.	52,5	26,3	
82	Rotbarsch in Zitronensauce	2 Pers.	11,3	5,7	
83	Fischspieße mit Curry-Paprika-Sauce	2 Pers.	17,9	9,0	
	Fleisch				
84	Entenbrust in Orangensauce	2 Pers.	46,0	23,0	
84	Puten-Paprika-Gulasch	2 Pers.	37,6	18,8	
87	Fleischbällchen in Tomatensauce	2 Pers.	50,8	25,4	
87	Chili con Carne	4–6 Pers.	165,5	41,4–27,6	
89	Mediterranes Schnitzel	2 Pers.	20,6	10,3	
91	Rindergeschnetzeltes mit Zuckerschoten	2 Pers.	45,8	22,9	
90	Hähnchenkeulen aus dem Ofen	2 Pers.	5,9	3,0	
89	Kalbsschnitzel im Kressemantel	2 Pers.	23,8	11,9	
91	Kasseler mit Spitzkohl	2 Pers.	26,8	13,4	
91	Schaschlik mit Mais-Tomatensauce	2 Pers.	57,0	28,5	
	Desserts				
92	Gefrorener Heidelbeer-Joghurt	2–3 Pers.	28,6	14,3	–9,5
92	Kokoseis	2–3 Pers.	8,1	4,1–2,7	
92	Mango auf Kokoscreme	2 Pers.	42,1	21,1	
94	Muffins	12 Muffins	60	5,0	
95	Käsekuchen	1 Springform/12 Stck.	58,7	4,9	
95	Pflaumen-Kiwi-Gratin	2–3 Pers.	40,4	20,2–13,5	
95	Überbackene Camembert-Birnen	2 Pers.	38,3	19,2	
96	Himbeer-Quark-Soufflé	2 Pers.	53,3	26,7	
97	Erdbeer-Melonen-Salat	2 Pers.	57,6	28,8	
97	Beerensalat auf Limettenjoghurt	2–3 Pers.	27,9	14,0	–9,3

Seite		Personen/Stück	Gesamt-Kohlen-hydrate in Gramm	Kohlenhydrate pro Portion in Gramm	
97	Erdbeermousse	2–3 Pers.	30,9	15,5	–10,3
	Kochen am Wochenende				
98	Saltimbocca	4 Pers.	4,4	1,1	
98	Windbeutel mit Tomaten-Käse-Füllung	20 Stck.	95,9	4,8	
101	Saibling im Salzteig	4 Pers.	4,8	1,2	
101	Gefüllte Forellen auf Möhren-Sellerie-Gemüse	4 Pers.	59,5	14,9	
103	Garnelenspieße mit knusprigen Gemüse-päckchen	4 Pers.	74,0	18,5	
104	Gemüsestrudel mit Avocadocreme	4 Pers.	88,4	22,1	
105	Hackbraten mit Eiern	6–8 Pers.	107,9	18,0–13,5	
106	Pesto-Hähnchen	4 Pers.	31,7	7,9	
106	Schweinefilet mit Parmesankruste und Bohnengemüse	4 Pers.	46,9	5,9	
107	Gefüllte Zucchini mit Flusskrebsfleisch	4 Pers.	31,3	7,8	

Hinweise zu den Rezepten und praktische Tipps

Die Mehrzahl unserer Rezepte ist für 2 Personen berechnet. Wenn Sie alleine essen, bewahren Sie eine Portion im Kühlschrank für den nächsten Tag auf. Viele Gerichte eignen sich auch zum Einfrieren. Wenn Sie Ihre Gefriervorräte sorgfältig beschriften, haben Sie bald ein ganzes Sortiment an blitzschnellen Low-Carb-Mahlzeiten in der Tiefkühlung.

Portionsgrößen und Co.

Im letzten Kapitel, bei den Wochenend- und Gästegerichten sind die Rezepte zumeist für 4 Personen berechnet.

- Wir verwenden in unseren Rezepten Milch und Joghurt mit 3,5 % Fett. Weil es besser schmeckt, und weil Milchfett gesund ist sowie wichtige Nährstoffe enthält.
- Bei anderen Milchprodukten wie Quark oder Frischkäse ist der Fettgehalt angegeben.
- Eier sind grundsätzlich Größe M.

In unseren Rezepten haben wir oft im Tipp eine passende Beilage angegeben. Selbstverständlich können Sie aber zu Fleisch oder Fisch auch ganz nach Ihrem eigenen Geschmack eine Beigabe aus dem Salat- oder Gemüsekapitel dieses Buches auswählen.

Wenn Kohlenhydrate, dann gesunde

Insbesondere bei den sehr kohlenhydratarmen Hauptgerichten mit Fisch und Fleisch (in der Tabelle auf Seite 34/35 hell unterlegt) können Sie auch eine kleine Portion Vollkorn- oder Wildreis, Vollkornnudeln oder Kartoffeln dazu servieren. Noch wertvoller und gesünder sind Bohnenkerne oder Linsen. Sie liefern zusätzlich zu den Kohlenhydraten wertvolles pflanzliches Eiweiß und viele Ballaststoffe. Oder Sie genießen zur Nachspeise ein Dessert, das ebenfalls auf Ihr Kohlenhydratkonto geht (in der Tabelle gelb und rot gekennzeichnete Kohlenhydratwerte). Das bietet Ihnen, sobald Sie nach der Eingewöhnungszeit in der Low-Carb-Küche ein wenig sicherer geworden sind, eine Vielfalt an Variationsmöglichkeiten für die einzelnen Mahlzeiten.

Diese Mengen an Kohlenhydratbeilagen (alle wurden ungegart gewogen) schlagen mit zusätzlich etwa 20 g Kohlenhydraten zu Buche:

- 135 g Kartoffeln
- 50 g Bohnenkerne (Durchschnitt)
- 50 g Linsen (Durchschnitt)
- 30 g Naturreis oder Wildreis
- 30 g Vollkornnudeln
- 30 g Hirse
- 30 g Couscous oder Bulgur

Sie müssen nicht in jeder Mahlzeit im sehr niedrigen Kohlenhydratbereich bleiben. Wichtig ist, wenn Sie abnehmen möchten, das Sie in der Tagessumme höchstens 100 g Kohlenhydrate essen.

Wenn Sie in einer Mahlzeit, z. B. wenn Sie eingeladen wurden und außer Haus gegessen haben, relativ viele Kohlenhydrate zu sich genommen haben, können Sie das mit der nächsten Mahlzeit ausgleichen: Wählen Sie einfach ein besonders kohlenhydratarmes Rezept. Das finden Sie ganz leicht in der Übersichtstabelle ab Seite 32.

Die Low-Carb-Rezepte

Jetzt kann es losgehen. Genießen Sie die Rezepte,
die ebenso Gästen wie auch der ganzen Familie
schmecken. Sie werden merken, dass vieles sogar
Partybüfett-tauglich ist.

Käseomelett

Schön würzig mit Bergkäse oder Parmesan.

▶ KH pro Portion 2 g
Preisgünstig · Für 2 Portionen
🕐 5 Min. + 5 Min. Garzeit
100 g Hartkäse (z. B. Parmesan, Bergkäse, Greyerzer) · 4 Eier (Größe M) · 4 EL Sahne · Salz | Pfeffer, frisch gemahlen · 2 TL Butter

━ Den Käse auf der Reibe fein reiben. Jeweils 2 Eier mit je 2 EL Sahne getrennt voreinander verquirlen. Mit Salz und Pfeffer würzen.

━ Je 1 TL Butter in je einer Pfanne erhitzen. Die Eiermasse hineingeben und einen großen Teil des geriebenen Käses darauf verteilen. Die Omeletts bei mittlerer Hitze in ca. 5 Min. stocken lassen, dabei nicht umrühren.

━ Die fertigen Omeletts zusammenklappen und mit dem übrigen Käse bestreuen. Sofort servieren.

Das passt dazu Zum Omelett schmeckt ein frischer Tomatensalat.

Rührei mit Schinken

Ein sättigendes und deftiges Frühstück.

▶ KH pro Portion 5 g
Geht schnell · Für 2 Portionen
🕐 5 Min.
6 Eier · ½ TL Kräuter der Provence · Salz | Pfeffer, frisch gemahlen · ½ EL Öl · 100 g Frühstücksschinken (mild geräucherter relativ magerer Schinken in dünnen Scheiben) · 2 Scheiben Low-Carb-Brot (à 35 g)

━ Die Eier mit den Kräutern, Salz und Pfeffer verquirlen. Das Öl in einer Pfanne erhitzen und die Eiermischung hineingießen. Unter Rühren zu Rührei backen.

━ In der Zwischenzeit in einer weiteren heißen Pfanne den Schinken anbraten. Mit dem Rührei auf Tellern anrichten und mit dem Brot servieren.

Tipp
Der Fantasie sind hier keine Grenzen gesetzt: Wer mag, lässt den Schinken weg und rührt dafür angeschwitzte Salamiwürfel oder zerpflückten Räucherfisch direkt in das Rührei.

Räucherlachs mit Gurken-Hüttenkäse

Schmeckt sommerlich-frisch.

▶ KH pro Portion 3 g
Gelingt leicht · Für 2 Portionen
🕐 5 Min.
½ Salatgurke · ½ Bund Dill · 200 g körniger Frischkäse · Salz | Pfeffer, frisch gemahlen · etwas Zitronensaft · 150 g geräucherter Lachs

━ Die Gurke waschen und schälen, längs vierteln und in Scheiben schneiden. Den Dill waschen und trocken schütteln, die Blättchen abzupfen, ein paar zum Dekorieren beiseite legen und die übrigen hacken.

━ Frischkäse, Gurke und Dill vermengen und mit Salz, Pfeffer und Zitronensaft abschmecken. Mit dem Lachs und dem Dill anrichten.

Tipp
Noch schneller geht es, wenn Sie Tiefkühl-Dill verwenden.

Blitzschnelle Schokoladen-mousse

Jede Menge Eiweiß – blitzschnell zubereitet.

▶ KH pro Portion 21 g
Preisgünstig · Für 2 Portionen
🕑 5 Min.
100 g Sahne · 500 g Magerquark · 100 ml Milch ·
2 EL Nuss-Nougat-Creme

▬ Die Sahne steif schlagen. Den Quark mit der Milch cremig rühren. Die Nuss-Nougat-Creme etwas erwärmen, damit sie flüssiger wird. Die Creme unter den Quark rühren und die Sahne unterheben.

Tipp

Die Menge dieser Mousse ist – auf 2 Esser ver-teilt – recht üppig. Wer möchte, portioniert 3 Schälchen, das dritte kann am selben Tag als Nachmittags-Snack oder als Dessert zum Mittag- bzw. Abendessen gegessen werden.

Apfel-Kiwi-Quark

Fruchtig-lecker mit Cashewkernen.

▶ KH pro Portion 29 g
Geht schnell · Für 2 Portionen
🕑 5 Min.
2 EL Cashewkerne · 500 g Magerquark · 2–4 EL Sahne · 1 mittelgroßer
Apfel · 2 Kiwis

– Die Cashewkerne hacken. Den
Quark mit der Sahne glatt rühren.
Den Apfel waschen und abtrocknen.
Dann vierteln und das Kerngehäuse
entfernen. Die Viertel in kleine
Stückchen schneiden und sofort mit
dem Quark vermischen.

– Die Kiwis schälen und vierteln. Die
Viertel quer in Scheiben schneiden
und unter den Quark heben. Die
Cashewkerne untermischen und
sofort servieren.

Wichtig Den Quark sofort servieren,
da er sonst durch ein in den Kiwis
enthaltenes Enzym bitter wird. Wer
den Quark längere Zeit vor dem
Verzehr vorbereiten möchte, über-
brüht die Kiwistücke in einem Sieb
mit kochendem Wasser und lässt
sie gut abtropfen, bevor sie unter-
gemischt werden.

Erdbeer-Kiwi-Joghurt

Ein prima Frühstück
mit Haferflocken.

▶ KH pro Portion 30 g
Gelingt leicht · Für 2 Portionen
🕑 10 Min.
300 g Naturjoghurt · 4 EL Magerquark ·
100 g Erdbeeren · 2 Kiwis · 4 EL Haferflocken · etwas Zucker oder Süßstoff
nach Belieben

– Den Joghurt mit dem Magerquark
verrühren. Die Erdbeeren abbrausen, vorsichtig trocken tupfen,
verlesen und putzen. Erdbeeren
vierteln. Die Kiwis schälen, vierteln
und in Scheibchen schneiden.

– Das Obst mit dem Joghurt und den
Haferflocken vermischen. Die
Creme nach Belieben ein wenig
süßen.

Wichtig Mit dieser Frucht-Flocken-
Creme befinden Sie sich im „Low-
Carb-Zonenrandgebiet": 1 Portion
liefert bereits ein Drittel der vorge-
sehenen Tagesmenge an Kohlenhydraten von 100 g. Wählen Sie zum
Mittag- und Abendessen daher am
besten ein Gericht, das mit den
Kohlenhydraten bei höchstens 20 g
liegt. Das bietet noch ein wenig
Kohlenhydrat-Spielraum bei even-
tuellen Zwischengerichten.

Apfel-Bananen-Shake

Wenn's schnell gehen muss.

▶ KH pro Portion 30 g
Gelingt leicht · Für 2 Portionen
🕑 5 Min.
1 Banane · 2 kleine Äpfel · 2 EL Zitronensaft · 400 g Dickmilch · etwas
Zucker oder Süßstoff nach Belieben

– Die Banane schälen und in grobe
Stücke teilen. Die Äpfel waschen,
abtrocknen, schälen und das Kerngehäuse entfernen. Das Fruchtfleisch ebenfalls in Stücke schneiden.

– Bananen und Äpfel mit dem Mixer
gut pürieren. Zitronensaft und
Dickmilch zugeben und nochmals
kurz pürieren. Nach Belieben
süßen.

Wichtig Dieser Shake enthält knapp
ein Drittel der bei Low-Carb maxi-
mal erlaubten Kohlenhydrate. Genießen Sie ihn aber gänzlich ohne
Reue, und wählen Sie für die übrigen Mahlzeiten des Tages einfach
Rezepte mit einem Kohlenhydratanteil bis höchstens 20 g. Das bietet
sogar noch Spielraum für den einen
oder anderen nicht ganz kohlen-
hydratfreien Snack.

FRÜHSTÜCK

Himbeer-Joghurt-Shake

Mit reichlich Ballaststoffen, die gut sättigen.

▶ KH pro Portion 20 g
Gelingt leicht · Für 2 Portionen
🕑 10 Min.
300 g Himbeeren (frisch oder tiefgekühlt) · 250 g Joghurt · ¼ l Milch · etwas Zucker oder Süßstoff nach Belieben

■ Frische Himbeeren verlesen und nur wenn nötig abbrausen. TK-Himbeeren in der Mikrowelle auftauen (oder rechtzeitig bei Zimmertemperatur auftauen lassen). Himbeeren mit dem Mixer fein pürieren und durch ein feines Sieb streichen.

■ Himbeermark, Joghurt und Milch gut verrühren. Nach Belieben süßen.

Mandelbrot

Auch prima für Gäste.

▶ KH pro Scheibe (bei 20 Scheiben) 2 g
Gut vorzubereiten · Für 1 Brot in einer Kastenform von 25 cm Länge
🕑 15 Min. + 60 Min. Backzeit
50 g Butter + Butter für die Form · 3 Eier · 150 g Joghurt · 1 TL Natron · ½ TL Salz · 400 g gemahlene Mandeln · 100 g Sesam · 100 g Leinsamen · Sonnenblumenkerne für die Form

■ Den Backofen auf 180 Grad (Umluft 160 Grad) vorheizen. Die Butter gut schaumig rühren. Die Eier unterrühren. Joghurt und das Salz zugeben und ebenfalls unterrühren.

■ Mandeln, Natron, Sesam und Leinsamen gut unter die Joghurtmasse mischen. Eine Kastenform mit etwas Butter einfetten und mit Sonnenblumenkernen ausstreuen. Den Teig einfüllen und im Ofen (Mitte) 50–60 Min. backen.

Das passt dazu Sehr gut passt auf dieses Brot ein vegetarischer Brotaufstrich, von denen Sie inzwischen nicht nur in Bioläden, sondern auch im Supermarkt und sogar im Discounter eine Auswahl bekommen.

Bananenwaffeln

Ganz ohne Mehl, nur mit Mandeln.

▶ KH pro Waffel 4,5 g (bei 7 Waffeln)
Gelingt leicht
Für 6–7 rechteckige Waffeln
🕑 10 Min. + 10 Min. Backzeit
150 g weiche Butter + Butter für das Waffeleisen · 1 Banane · 6 Eier · 3 TL Stevia (Streusüße mit Maltodextrin als Trägersubstanz für gemahlene Stevia) · 150 g gemahlene Mandeln · ½ TL Backpulver

■ Die Butter schaumig schlagen. Die Banane schälen und mit der Gabel musig zerdrücken. Unter die Butter rühren.

■ Die Eier nach und nach zugeben und ebenfalls gründlich unterrühren. Stevia, Mandeln und das Backpulver mischen und ebenfalls unterrühren.

■ Das Waffeleisen aufheizen und fetten. Etwas Teig einfüllen und backen, bis die Waffel den gewünschten Bräunungsgrad hat. Den übrigen Teig ebenfalls zu Waffeln backen.

Das passt dazu Lecker mit Zitronensahne – dafür 200 g Sahne schlagen, bis sie andickt, nach Belieben süßen und 1 TL Zitronensaft und etwas fein abgeriebene Zitronenschale zugeben und die Sahne steif schlagen.

SNACKS

Hüttenkäse mit Lachs

Im Nu zubereitet!

▶ KH pro Portion 7 g
Gelingt leicht · Für 2 Portionen
🕐 5 Min.
½ Salatgurke · 400 g Hüttenkäse ·
1 EL Zitronensaft · Salz, Pfeffer · 1 EL
gehackter frischer Dill (oder TK-Dill-
spitzen) · 150 g Räucherlachs

- Die Gurke schälen, putzen, längs
vierteln und quer in dicke Scheiben
schneiden, sodass sich gabel- und
mundgerechte Stücke ergeben.
- Die Gurkenstücke mit dem Hüttenkäse vermengen. Mit Zitronensaft
und dem Dill mischen und mit Salz
und Pfeffer würzen. Mit dem Lachs
anrichten.

Mozzarella im Schinkenmantel

Zusammen mit Salat auch
prima für Gäste.

▶ KH pro Portion 5 g
Gelingt leicht · Für 2 Portionen
🕐 10 Min. + 5–10 Min. Garzeit
2 Kugeln Mozzarella (à 125 g) ·
4–6 getrocknete Tomaten (in Öl) ·
Salz | Pfeffer, frisch gemahlen ·
einige Blättchen frisches Basilikum ·
4 Scheiben Schinkenspeck oder an-
derer Frühstücksspeck · 1 TL Öl zum
Braten · 2–4 Zahnstocher

- Den Mozzarella abtropfen lassen.
Die Tomaten etwas abtropfen lassen und fein würfeln. Mozzarella
wie ein Brötchen halbieren und innen mit Salz und Pfeffer würzen.
- Das Basilikum fein schneiden und
mit den gewürfelten Tomaten mischen. Jeweils die Hälfte der Mischung auf eine Mozzarellahälfte
legen. Die unbelegte Hälfte darauflegen. Die Mozzarellakugeln mit
dem Speck fest umwickeln und mit
Zahnstochern feststecken.
- Das Öl in einer Pfanne erhitzen. Die
Mozzarellakugeln von allen Seiten
bei nicht zu starker Hitze anbraten,
bis der Speck knusprig ist.

Das passt dazu Blattsalat (z. B. Romanasalat) mit gerösteten Pinienkernen.

Schinken-Käse-Röllchen

Besonders gut mit
italienischem Schinken.

▶ KH pro Portion 1 g
Geht schnell · Für 2 Portionen
🕐 5 Min. + 5 Min. Garzeit
6 Scheiben Kochschinken (ca. 200 g) ·
6 Scheiben Emmentaler (ca. 250 g) ·
6 schwarze entsteinte Oliven · 2 Stängel Petersilie · 1 EL Öl · Zahnstocher

- Die Schinkenscheiben nebeneinan-
der auf die Arbeitsfläche legen. Den
Emmentaler darauf verteilen. Die
Oliven in Scheiben schneiden und
jeweils auf einer Seite am Rand
darauf geben.
- Die Petersilie waschen, trocken
schütteln und zupfen. Auf die Oliven geben. Den Schinken von der
belegten Seite her aufrollen und
mit den Zahnstochern feststecken.
Die Röllchen im Öl von allen Seiten
anbraten, bis der Käse geschmolzen
ist. Sofort servieren.

Variante Die Röllchen mit 200 g
Rohschinken zubereiten. Dabei den
Schinken zwei- bis dreilagig legen.
Anstelle der Petersilie passt Basili-
kum. Oder Rosmarin oder Thymian
mit ins Bratöl geben.

Snacks

Gefüllter Mozzarella

Mozzarella – mit Tomatensalat gefüllt.

▶ KH pro Portion 3 g
Gut vorzubereiten · Für 2 Portionen
🕐 15 Min.
2 Kugeln Mozzarella (à 125 g) · ¼–½ Bund Petersilie · 1 Tomate · 1 kleine Frühlingszwiebel · 1 EL Essig · 1 EL Öl · Salz | Pfeffer, frisch gemahlen

- Die Mozzarellakugeln innen so aushöhlen, dass ein 1 cm breiter Rand stehen bleibt. Das Innere klein würfeln. Die Petersilie waschen und trocken schütteln, die Blättchen abzupfen und fein hacken.

- Die Tomate waschen und halbieren. Den Stielansatz herausschneiden und das Fruchtfleisch klein würfeln. Die Frühlingszwiebel waschen, putzen und – ohne die dunkelgrünen oberen Blattteile – in feine Ringe scheiden.

- Die vorbereiteten Zutaten bis auf den Mozzarellaring mischen. Essig, Öl, Salz und Pfeffer zu einer Marinade verrühren und mit der Tomaten-Mozzarella-Masse mischen. Einen Teil davon in den Mozzarellaring füllen. Den Rest in einer Schüssel dazu servieren.

Gefüllte Pesto-Eier

80er-Jahre-Variante, modern abgewandelt.

▶ KH pro Portion 6 g
Gelingt leicht · Für 2 Portionen
🕐 20 Min.
4 Eier · 1 Töpfchen Basilikum (benötigt werden 16 Blätter, davon 8 kleine) · 4 EL rotes Pesto · 1 EL Sahne

- Die Eier anstechen und in kochendem Wasser in 9 Min. hart kochen. Mit kaltem Wasser abschrecken und schälen. Die Eier längs halbieren und das Eigelb auslösen.
- Eigelb mit einer Gabel fein zerdrücken. Die Basilikumblätter trocken abwischen und 8 große Blätter fein hacken. Mit Pesto und Sahne untermischen.
- Die Eimasse mithilfe eines Spritzbeutels mit Sterntülle gleichmäßig in die Eihälften spritzen. Mit den kleinen Basilikumblättern garnieren.

Tipp
Die Pesto-Eier zusätzlich mit 2 EL gerösteten Pinienkernen garnieren. Statt mit Pesto können Sie das Eigelb auch mit 1 EL saurer Sahne, 1 TL Senf und gehackten Kräutern nach Belieben mischen.

Tomaten mit Käsecreme

Schön würzig – mit Blauschimmelkäse.

▶ KH pro Portion 7 g
Gut vorzubereiten · Für 2 Portionen
🕐 15 Min.
4 mittelgroße Tomaten · 100 g würziger Blauschimmelkäse · 200 g Frischkäse (fettreduziert) · ½ Bund Schnittlauch · 1 EL Crème fraîche · 1 EL Zitronensaft · Salz | Pfeffer, frisch gemahlen

- Die Tomaten quer halbieren und aushöhlen (das Fruchtfleisch anderweitig verwerten, z.B. in der Tomatensuppe von S. 55).
- Den Blauschimmelkäse würfeln und mit dem Frischkäse vermengen. Den Schnittlauch waschen, trocken schütteln und in feine Ringe schneiden. Zum Käse geben.
- Crème fraîche und Zitronensaft zugeben und alles vermengen. Mit Salz und Pfeffer abschmecken. Die Käsecreme in die ausgehöhlten Tomaten füllen und diese servieren.

Tipp
Dieses Rezept eignet sich auch gut als Vorspeise in einem Menü. Dann reicht die Menge für 4 Portionen.

Meerrettichcreme in Spitzpaprika

Knackige Paprika und milde Schärfe vom Meerrettich.

▶ KH pro Portion 8 g
Gut vorzubereiten · Für 2 Portionen
🕐 10 Min.
3 rote Spitzpaprikaschoten · 250 g Magerquark · 1 gut gehäufter EL Crème fraîche (nach Belieben auch Kräuter-Crème-fraîche) · 2 TL geriebener Meerrettich (aus dem Glas) · Gartenkresse zum Bestreuen

- Die Paprikaschoten waschen, längs halbieren und putzen. Den Quark mit Crème fraîche und Meerrettich gut verrühren und in die Paprikahälften füllen. Mit etwas Kresse bestreuen.

Tipp
Wenn Sie die gefüllten Spitzpaprika als leichtes Hauptgericht servieren möchten, reichen Sie jeweils 1 Portion Räucherforelle und 1 Scheibe Low-Carb-Brot dazu.

49

Gefüllte Riesenchampignons

Schmecken heiß, lauwarm und auch kalt.

▶ KH pro Portion 4 g
Preisgünstig · Für 2 Portionen
🕐 20 Min. + 10 Min. Backzeit
1 kleine Zucchini (ca. 125 g) · 1 kleine Tomate (ca. 60 g) · 1 kleine Schalotte · 1 Knoblauchzehe · 2 EL Öl · 2 TL Tomatenmark · 1 TL getrocknete italienische Kräuter (oder Kräuter der Provence) · Salz | Pfeffer, frisch gemahlen · 4 Riesenchampignons · 2 EL geriebener Parmesan · Öl für die Form

- Zucchini waschen und putzen. Die Tomate mit kochendem Wasser überbrühen, häuten. Schalotte und Knoblauch, fein würfeln.

- Den Backofen auf 220 Grad (Umluft 200 Grad) vorheizen. Schalotte und Knoblauch im heißen Öl andünsten. Zucchini- und Tomatenwürfel zugeben und mitdünsten. Tomatenmark und Kräuter zugeben, mit Salz und Pfeffer würzen und zugedeckt schmoren lassen.

- Champignons putzen, die Stiele entfernen und mit einem Teelöffel die Lamellen vorsichtig herausschaben. Das Gemüse in die Pilze füllen. Eine ofenfeste Form mit Öl ausstreichen. Die gefüllten Pilze hineinsetzen und mit Käse bestreuen. Im Ofen (unten) 10 Min. überbacken.

Gefüllte Avocado

Interessante Note dank grünem Pfeffer.

▶ KH pro Portion 3 g
Gelingt leicht · Für 2 Portionen
🕐 10 Min.
1 TL eingelegter grüner Pfeffer aus dem Glas · 100 g Frischkäse · 2 EL Crème fraîche · ca. 1 EL Zitronensaft · Salz | Pfeffer, frisch gemahlen · 1 reife Avocado

- Den grünen Pfeffer mit einer Gabel oder im Mörser gut zerdrücken. Frischkäse, Crème fraîche, ½ EL Zitronensaft und den zerdrückten Pfeffer verrühren. Mit Salz und Pfeffer abschmecken.

- Die Avocado längs ringsherum einschneiden und, die Fruchthälften drehend, auseinander nehmen. Den Kern herauslösen. Das Fruchtfleisch mit einem Esslöffel vorsichtig so aus den Hälften schaben, sodass auf der Schale noch ein dünner Rand von etwa ½ cm Avocadofleisch bleibt.

- Die Avocadohälften mit etwas Zitronensaft beträufeln. Avocado fein würfeln oder pürieren und unter den Frischkäse rühren. Die Creme mithilfe eines Spritzbeutels in die Avocadohälften füllen.

Mariniertes Gemüse

Auch prima als Grillbeilage.

▶ KH pro Portion 9 g
Gut vorzubereiten · Für 2 Portionen
🕐 20 Min. + 12 Std. Marinierzeit
1 Zucchini · 1 rote Paprikaschote · 100 g Champignons · 1–2 Knoblauchzehen · 2–3 Zweige Thymian · 2 EL Aceto balsamico · Öl zum Braten und Aufgießen · Salz | Pfeffer, frisch gemahlen

- Zuchini und Paprikaschote waschen und putzen. Die Zucchini quer in Scheiben schneiden. Die Paprikaschote in mundgerechte Stücke schneiden. Die Champignons putzen, die Stiele entfernen und die Hüte halbieren bzw. große Exemplare vierteln. Knoblauch abziehen und halbieren.

- Das vorbereitete Gemüse, Knoblauch und den Thymian in 3 EL heißem Öl 5 Min. bei starker Hitze anbraten. Mit Balsamico ablösen und mit Salz und Pfeffer würzen.

- Das Gemüse in eine Schale geben und mit so viel Öl begießen, dass das Gemüse bedeckt ist. Im Kühlschrank 12 Std. marinieren. Vor dem Servieren gut abtropfen lassen.

Gulaschsuppe mit Rahm

Ein leckerer Klassiker!

▶ KH pro Portion 9 g
Gut vorzubereiten · Für 2 Portionen
🕐 15 Min. + 45 Min. Garzeit
200 g Rindergulasch · 2 Zwiebeln ·
1 Knoblauchzehe · 2 EL Öl · 1 TL rosenscharfes Paprikapulver · Salz ·
¼ TL getrockneter Majoran · ¼ TL gemahlener Kümmel · 2 EL Tomatenmark · 750 ml heiße Fleischbrühe ·
150 ml Rotwein · 50 g Sahne

– Das Gulasch in 1,5 cm große Würfel
schneiden. Die Zwiebeln abziehen
und in Ringe schneiden. Den Knoblauch ebenfalls abziehen und fein
würfeln.

– Das Fleisch im heißen Öl bei starker
Hitze rundherum anbraten. Die
Zwiebelringe zugeben und bei
mäßiger Hitze hellgelb andünsten.
Knoblauch und Paprikapulver zugeben und kurz anrösten. Gewürze
und Tomatenmark zugeben und
andünsten.

– Die Brühe angießen und alles bei
mäßiger Hitze 45 Min. köcheln
lassen. Vor dem Servieren Rotwein
und die Sahne unterrühren.

Wermut-Suppe

Raffiniert – prima für Gäste.

▶ KH pro Portion 18 g (bei 3 Portionen)
Gelingt leicht · Für 2–3 Portionen
🕐 15 Min. + ca. 45 Min. Garzeit
1 doppeltes Hähnchenbrustfilet (ca.
500 g) · 2 EL Öl · ¼ l weißer Wermut
(oder trockener Weißwein) · ¼ l Gemüsebrühe · 4–5 Tomaten · 200 g
Sahne · 1–2 Knoblauchzehen · Salz,
Cayennepfeffer · ½ TL getrockneter
Majoran · ½ TL getrockneter Oregano

– Die Hähnchenbrustfilets kalt abspülen, trocken tupfen und in kleine Würfel schneiden. Das Öl erhitzen und die Fleischwürfel darin
rundherum hell anbraten. Mit Wermut und Gemüsebrühe ablöschen
und alles aufkochen.

– Die Tomaten über Kreuz einschneiden, mit kochendem Wasser überbrühen und abziehen. Die Tomaten
achteln und zur Suppe geben. Alles
30 Min. köcheln lassen.

– Die Sahne zugeben und alles
einkochen lassen, bis die Suppe
dicklich wird. Den Knoblauch abziehen und dazupressen. Mit Salz,
Cayennepfeffer, Majoran und
Oregano würzen.

Das passt dazu 1 Scheibe Low-
Carb-Brot.

Zucchinisuppe mit Schinkenwürfeln

Lecker mit ganz junger Zucchini.

▶ KH pro Portion 8 g
Gut vorzubereiten · Für 2 Portionen
🕐 15 Min. + 15 Min. Garzeit
1 Zwiebel · 1 Knoblauchzehe ·
2 Zucchini (ca. 400 g) · 2 EL Öl ·
¼ l heiße Gemüsebrühe · Salz |
Pfeffer, frisch gemahlen · frisch geriebene Muskatnuss · 50 g gewür-
felter Schinken · 2 EL Crème fraîche

– Zwiebel und Knoblauch abziehen
und fein würfeln. Die Zucchini waschen, putzen und in grobe Würfel
schneiden.

– Zwiebel und Knoblauch im Öl glasig
dünsten. Zucchini zugeben und
andünsten. Mit der Gemüsebrühe
ablöschen, mit Salz, Pfeffer und
Muskatnuss würzen und 15 Min.
köcheln lassen.

– Den Schinken in einer kleinen Pfanne anrösten. Die Suppe pürieren,
nochmals abschmecken und auf
Suppenteller verteilen. Je 1 EL
Crème fraîche darauf geben und mit
den Schinkenwürfeln bestreuen.

TIPP
Schmeckt im Sommer auch kalt.
Nach dem Kochen zunächst abkühlen lassen. Dann mit Schinken
und Crème fraîche servieren.

Italienische Tomatensuppe

Herrlich mit sonnengereiften Tomaten.

▶ KH pro Portion 10 g
Geht schnell · Für 2 Portionen
🕑 15 Min. + 20 Min. Garzeit
500 g Tomaten · 1 Zwiebel · 1 Knoblauchzehe · 2 EL Öl ·
½ TL getrocknete italienische Kräuter · Salz | Pfeffer, frisch
gemahlen · 400 ml heiße Gemüsebrühe · 1 EL Tomatenmark ·
1 EL Crème fraîche

▬ Die Tomaten über Kreuz einschneiden, mit kochendem
Wasser überbrühen und abziehen. In grobe Würfel
scheiden. Zwiebel und Knoblauch abziehen und fein würfeln. Im heißen Öl andünsten. Tomaten und Kräuter zugeben und mit Salz und Pfeffer würzen. 15 Min. zugedeckt
köcheln lassen.

▬ Die Brühe dazugießen und alles weitere 5 Min. kochen
lassen. Durch ein Sieb streichen. Das Tomatenmark unterrühren und alles abschmecken. Auf Teller aufteilen und
jeweils mit etwas Crème fraîche anrichten.

Variante

▬ Knoblauchsuppe mit Tomate – 1 Zwiebel und 4–5 frische
Knoblauchzehen abziehen, fein würfeln und in 1 EL Öl
andünsten. ½ l Gemüsebrühe angießen, alles aufkochen
und 10 Min. köcheln lassen. Inzwischen 4 Tomaten mit
kochendem Wasser überbrühen, abziehen und grob würfeln. 200 g Sahne zur Suppe geben und alles mit dem
Mixstab pürieren. Die Tomaten zugeben und alles nochmals aufkochen. Mit 2 EL gehackter Petersilie servieren.

Fischsuppe mit Tomaten

Mediterrane Suppe, mit Safran verfeinert.

▶ KH pro Portion 19 g
Braucht etwas mehr Zeit · Für 2 Portionen
🕑 15 Min. + 20 Min. Garzeit
1 Zwiebel · 1 Knoblauchzehe · 400 g Tomaten · 1 Stange
Staudensellerie mit Grün · 2 Möhren · 1 Paprikaschote ·
2 EL Öl · 400 ml Gemüsebrühe · 1 Lorbeerblatt · 400 g Victo-
riabarschfilet · Cayennepfeffer · 1 Dose gemahlener Safran ·
Salz · 2 EL Crème fraîche · 1 EL gehackte Petersilie

▬ Zwiebel und Knoblauch abziehen und beides fein würfeln.
Die Tomaten kreuzweise einritzen, mit kochendem Wasser überbrühen und enthäuten. Die Tomaten vierteln, entkernen und die Stielansätze abschneiden. Das Fruchtfleisch
würfeln. Sellerie und Möhre waschen, die Möhre schälen
und beides in kleine Würfel schneiden. Die Paprikaschote
waschen, putzen und in Stücke schneiden.

▬ Das Öl in einem Topf erhitzen. Zwiebel und Knoblauch
darin andünsten. Sellerie, Möhren und Paprika hinzufügen
und alles unter Rühren einige Minuten dünsten. Anschlie-
ßend die Tomatenwürfel dazugeben, mit der Gemüsebrühe auffüllen und das Lorbeerblatt zufügen. Alles aufkochen und in etwa 10 Min. bei mittlerer Hitze bissfest
garen.

▬ Den Fisch kalt abspülen, trocken tupfen und in Stücke
schneiden und in der Suppe 5–10 Min. gar ziehen lassen.
Die Suppe mit Cayennepfeffer, Safran und Salz abschmecken. Mit Crème fraîche und der gehackten Petersilie
servieren.

Tipp

Als Vorsuppe in einem Menü reicht die Fischsuppe
für 4 Portionen.

Grüne Erbsensuppe mit Würstchen

Eine prima Sattmachersuppe.

▶ KH pro Portion 27 g
Gelingt leicht · 2 Portionen
🕐 10 Min. + 15 Min. Garzeit
1 Zwiebel · 1 EL Öl · 400 g TK-Erbsen ·
400 ml Gemüsebrühe · Salz | Pfeffer,
frisch gemahlen · 2 Paar Wiener
Würstchen

– Die Zwiebel abziehen und fein würfeln. Das Öl in einem Topf erhitzen und die Zwiebel darin andünsten. Die Erbsen hinzufügen und kurz mitdünsten. Mit der Gemüsebrühe ablöschen und 10 Min. bei mittlerer Hitze kochen.

– Mit einem Schaumlöffel etwa ein Drittel der Erbsen herausnehmen, den Rest mit dem Mixstab im Topf pürieren. Die Suppe mit Salz und Pfeffer würzen. Die Würstchen dazugeben und kurz erhitzen. Dann die restlichen Erbsen zur Suppe geben und alles servieren.

Variante Wenn Sie Geflügel-Wiener statt konventioneller Wiener-Würstchen nehmen, wird diese Suppe noch eiweißreicher und gleichzeitig fettärmer. Das spart Kalorien!

Möhrensuppe

Zu jeder Jahreszeit gut.

▶ KH pro Portion 7 g
Preisgünstig · Für 2 Portionen
🕐 10 Min. + 20 Min. Garzeit
200 g Möhren · ½ Zwiebel · 2 EL Öl ·
400 ml Gemüsebrühe · 2 EL Crème
fraîche · Salz | Pfeffer, frisch gemahlen · 2 EL gehackte Petersilie

– Die Möhren schälen, putzen und in Scheiben oder Stücke schneiden. Die Zwiebel abziehen und fein würfeln. Beides im heißen Öl andünsten. Die Gemüsebrühe zugeben und aufkochen. Alles bei mittlerer Hitze ca. 20 Min. garen.

– Die Suppe pürieren. Crème fraîche unterrühren. Die Suppe mit Salz und Pfeffer würzen. Auf 2 Teller verteilen und die gehackte Petersilie darüber streuen.

Tipp
Wer es gerne würziger mag, schmeckt die Suppe zusätzlich mit Chilipulver oder frischem Ingwer ab.

Gazpacho

Besonders lecker im Hochsommer – eisgekühlt.

▶ KH pro Portion 15 g
Gelingt leicht · Für 2 Portionen
🕐 15 Min. + 1 Std. Kühlzeit
150 g Gurke · 1 gelbe Paprikaschote ·
150 g Tomaten · 1 Frühlingszwiebel ·
1 Knoblauchzehe · ½ l Tomatensaft ·
2 EL Öl · 2 EL Weißweinessig · Salz ·
Tabasco

– Die Gurke schälen, längs halbieren und entkernen. Die Paprikaschote waschen und putzen. Die Tomaten vierteln und entkernen, die Kerne beiseite stellen. Die Frühlingszwiebel waschen, putzen und mit einem Drittel des Gemüses fein würfeln und kühl stellen.

– Den Knoblauch abziehen. Das übrige Gemüse mit den Tomatenkernen, Knoblauch, Tomatensaft, Öl und Weißweinessig sehr fein pürieren. Mit Salz und einem Spritzer Tabasco kräftig würzen. Für 1 Std. im Kühlschrank kühl stellen. Die Gemüsesuppe in 2 Teller füllen und mit den Gemüsewürfeln bestreuen.

◀ Grüne Erbsensuppe mit Würstchen

Zwiebelsuppe

Ganz fein, mit Sherry abgeschmeckt.

▶ KH pro Portion 9 g
Preisgünstig · Für 2 Portionen
🕑 15 Min. + 15 Min. Garzeit
2 Zwiebeln (ca. 250 g) · 2 EL Öl · 400 ml kräftige Fleischbrühe ·
3 EL trockener Sherry · 1 EL Worcester-Sauce · Salz | Pfeffer,
frisch gemahlen · 80 g Emmentaler · 2 feuerfeste Suppentassen

▬ Die Zwiebeln abziehen, je nach Größe halbieren oder
vierteln und in Scheiben schneiden. Das Öl in einem Topf
erhitzen und die Zwiebeln darin ca. 10 Min. andünsten.

▬ Fleischbrühe, Sherry und die Worcester-Sauce zugeben.
Alles aufkochen und 10 Min. leicht köcheln lassen. Inzwischen den Backofen auf 200 Grad (Umluft 180 Grad)
vorheizen.

▬ Die Suppe in Suppentassen füllen, mit dem Käse bestreu-
en und im Backofen auf der mittleren Schiene ca. 5 Min.
überbacken, bis der Käse geschmolzen ist.

Rote Linsensuppe

Eine feine, sättigende Suppe.

▶ KH pro Portion 27,4 g
Gelingt leicht · Für 2 Portionen
🕑 15 Min. + ca. 25 Min. Garzeit
1 dünne Stange Lauch · 1 Möhre · 1 Knoblauchzehe ·
1 TL Butter · ½ l Gemüsebrühe · 100 g rote Linsen ·
1 Lorbeerblatt · Salz | Pfeffer, frisch gemahlen ·
1 EL Crème fraîche

▬ Den Lauch in dünne Ringe schneiden. Die Möhre putzen,
schälen und in Scheibchen schneiden. Den Knoblauch
abziehen und fein würfeln.

▬ Die Butter in einem Topf erhitzen. Lauch, Möhrenscheiben
und Knoblauch darin andünsten. Mit der Gemüsebrühe
ablöschen. Linsen und das Lorbeerblatt zugeben, mit Salz
und Pfeffer würzen und alles aufkochen. 20–25 Min. bei
mittlerer Hitze köcheln lassen, bis die Linsen weich sind.

▬ Das Lorbeerblatt entfernen und alles pürieren. Mit Salz
und Pfeffer abschmecken. Mit etwas Crème fraîche servieren.

Tipp

Wer mag, gibt noch gewürfelten Weißfisch dazu. Dazu
die Suppe 5 Min. vor Ende der Kochzeit pürieren, die
Fischwürfel zugeben und in 5 Min. garziehen lassen.

Griechischer Bauernsalat

Der Klassiker mit Feta.

▶ KH pro Portion 6 g
Geht schnell · 2 Portionen
🕐 10 Min.
1 Romanasalatherz · 1 Tomate ·
½ Salatgurke · 100 g Feta (oder Kuh-
milchkäse nach Feta-Art) · 1 Zwiebel ·
125 g schwarze Oliven · schwarzer
Pfeffer · 4 EL Olivenöl

— Den Salat waschen, putzen und trocken schütteln. In grobe Stücke zupfen und in eine große Schüssel geben. Die Tomate waschen und in grobe Würfel schneiden. Die Gurke schälen, der Länge nach vierteln und die Viertel in Stücke schneiden.

— Den Feta würfeln. Die Zwiebel abziehen und in Ringe schneiden. Die Oliven abtropfen lassen.

— Salat, Tomate und Gurke mischen. Zwiebel, Feta und die Oliven darüber verteilen. Mit dem Pfeffer würzen und das Öl darüber träufeln.

Eiersalat

Schön cremig!

▶ KH pro Portion 2 g
Preisgünstig · Für 2 Portionen
🕐 15 Min.
4 Eier · 100 g gekochter Schinken ·
100 g Crème fraîche · 1–2 TL Zitronensaft · 1 EL Schnittlauchröllchen (oder
gehackte Petersilie) · Salz | Pfeffer,
frisch gemahlen · Senf (nach Belieben)

— Die Eier etwa 10 Min. lang hart kochen, dann kalt abschrecken und schälen. Eier und Schinken in Würfel schneiden.

— Crème fraîche mit dem Zitronensaft und den Schnittlauchröllchen verrühren. Mit Salz, Pfeffer und nach Belieben mit Senf abschmecken. Die Eier- und Schinkenwürfel mit dem Dressing vermischen.

Variante Statt Schinken können Sie auch 1 kleine Dose Mais und eine kleine gewürfelte Paprikaschote untermischen.

Tipp
Um den Eiersalat dekorativ anzurichten, können Sie die Eier in Scheiben und den Schinken in breite Streifen schneiden.

Pikanter Heringssalat

Feines Sößchen – mit frischem Dill.

▶ KH pro Portion 19 g
Gelingt leicht · Für 2 Portionen
🕐 15 Min.
1 Glas Bismarckheringe (250 g
Abtropfgewicht) · 1 Apfel · 2 Essig-
gurken · ½ Zwiebel · ½ Bund Dill ·
250 g saure Sahne · etwas Milch ·
Pfeffer · 2 Scheiben Low-Carb-Brot
(à 35 g)

— Die Heringe in mundgerechte Stücke schneiden. Den Apfel schälen, vierteln und das Kerngehäuse entfernen. Die Apfelviertel und die Gurken in Scheibchen schneiden. Die Zwiebel abziehen und fein würfeln. Alle Zutaten vermischen.

— Den Dill waschen und trocken schütteln. Die Blättchen abzupfen und hacken. Die saure Sahne mit etwas Milch und Dill vermischen. Mit Pfeffer abschmecken und unter den Salat heben. Mit dem Brot servieren

Variante Für einen roten Heringssalat geben Sie zusätzlich gewürfelte, gekochte Rote Bete dazu. Die Knollen kann man vorgegart im Vakuumpack kaufen. Sie finden sie an der Gemüsetheke.

Griechischer Bauernsalat ▶

Chicorée-Orangen-Salat

Erfrischend-lecker mit Mandeln.

▶ KH pro Portion 18 g
Preisgünstig · Für 2 Portionen
🕐 15 Min.
2 Chicoréestauden · 2 Orangen · 2 EL gehackte
Mandeln · 2 EL Zitronensaft · Salz | Pfeffer, frisch
gemahlen · 4 EL Öl

- Chicorée waschen, trocken tupfen und halbieren. Den Strunk und welke Blätter entfernen.
  Chicorée in Streifen schneiden.

- Die Mandeln in einer trockenen Pfanne rösten,
  bis sie duften, dann beiseite stellen. Die Orangen
  bis in Fruchtfleisch schälen und das Fruchtfleisch aus den Trennhäutchen lösen, den Saft
  dabei auffangen.

- Zitronensaft und den aufgefangenen Orangensaft mit Salz und Pfeffer mischen. Das Öl unterrühren. Chicorée und Orangenfilets mischen
  und mit der Salatsauce mischen. Die Mandeln
  darüberstreuen.

Variante Ein angenehm nussiges Aroma bekommt der Salat, wenn Sie Walnussöl verwenden.

Zucchinisalat mit Kirschtomaten

So schmeckt der Sommer!

▶ KH pro Portion 5 g
Gut vorzubereiten · Für 2 Portionen
🕐 20 Min.
1 Zucchini (200 g) · 2 EL Öl · 5 Kirsch-tomaten (150 g) · 1 Handvoll Rukola · 100 g Feta (oder Kuhmilchkäse nach Feta-Art) · 1 kleine Knoblauchzehe · 3 EL Gemüsebrühe · 1 EL Weißwein-essig · Salz | Pfeffer, frisch gemahlen · 1 Prise Zucker

- Die Zucchini waschen, putzen und in dünne Scheiben schneiden. 1 EL Öl in einer Pfanne erhitzen und die Zucchinischeiben darin andünsten. Die Tomaten waschen und je nach Größe halbieren oder vierteln. Rukola waschen und trocken schleudern. Den Feta würfeln.

- Die Zucchinischeiben auf 2 Teller verteilen und etwas abkühlen lassen. Die Gemüsebrühe mit Weißweinessig und Öl mischen. Die Knoblauchzehe abziehen und dazupressen. Mit Salz, Pfeffer und 1 Prise Zucker abschmecken.

- Tomaten und Feta auf den Zucchinischeiben verteilen. Das Dressing darübergeben und den Rukola darauf verteilen.

Variante Mit Basilikum, Oregano oder Thymian verfeinern.

Fenchelsalat

Ganz fein – mit Orangenfilets.

▶ KH pro Portion 13 g
Gut vorzubereiten · Für 2 Portionen
🕐 20 Min. + 2 Std. Ziehzeit
1 Fenchelknolle · Salz · 1 Orange · 2 EL Cashewkerne · 2 EL Öl · 1 EL Weiß-weinessig · Salz | Pfeffer, frisch ge-mahlen

- Den Fenchel putzen und in sehr dünne Scheiben hobeln. Mit etwas Salz bestreuen und ca. 2 Std. im Kühlschrank ziehen lassen. Das Fenchelgrün klein schneiden.

- Die Orangen filetieren, den Saft da-bei auffangen. Die Filets halbieren. Die Cashewkerne grob hacken und in einer trockenen Pfanne rösten.

- Essig, Öl und den aufgefangenen Orangesaft verrühren. Mit den Orangenfilets zum Fenchel geben und alles vermischen. Mit Salz und Pfeffer abschmecken. Mit Cashew-kernen und Fenchelgrün bestreut servieren.

Tipp
Als vollständige Mahlzeit die doppelte Menge zubereiten. Oder Sie servieren die Hähnchenbrust vom Sommersalat (S.65) dazu.

Farmersalat

Ein schöner Wintersalat.

▶ KH pro Portion 20,8 g (bei 3 Portionen)
Preisgünstig · Für 2–3 Portionen
🕐 15 Min.
200 g Knollensellerie · 200 g Möhren · 1 kleiner Apfel · 1–2 TL Zitronensaft · ½ Dose Ananas in Stücken (340 g Ab-tropfgewicht) · 150 g Joghurt (1,5 %) · 5 EL Mayonnaise · Salz | Pfeffer, frisch gemahlen

- Sellerie und Möhren schälen, putzen und auf der groben Reibe reiben. Den Apfel schälen und das Kerngehäuse entfernen. Das Frucht-fleisch ebenfalls grob reiben und sofort mit etwas Zitronensaft be-träufeln. Die Ananas abtropfen lassen und wenn nötig in kleinere Stücke schneiden. Alles vermischen.

- Joghurt und Mayonnaise vermi-schen und mit Salz und Pfeffer ab-schmecken. Mit dem vorbereiteten Gemüse vermischen.

63

Sommersalat mit Hähnchenbrust

Hier ist alles drin – einfach lecker.

▶ KH pro Portion 7 g
Gelingt leicht · Für 2 Portionen
🕐 15 Min. + 8 Min. Garzeit
1 Hähnchenbrustfilet (à 250 g) · Salz | Pfeffer, frisch ge-
mahlen · edelsüßes Paprikapulver · 3 EL Öl · 150 g Joghurt ·
4 EL Zitronensaft · Zucker · 1 Römersalatherz · 1 mittelgroße
Möhre · 1 kleine Avocado

- Das Hähnchenbrustfilet mit Salz, Pfeffer und Paprikapulver
  würzen. In einer Pfanne 2 EL Öl erhitzen und das Fleisch
  bei mittlerer Hitze von beiden Seiten je 7–8 Min. anbraten.
  Aus der Pfanne nehmen, in dünne Scheiben schneiden und
  abkühlen lassen.

- Während das Fleisch brät, den Joghurt mit 2 EL Zitronensaft und dem übrigen Öl glatt rühren. Mit Salz, Pfeffer und
  etwas Zucker würzen.

- Den Römersalat putzen, waschen und trocken schleudern.
  In Stücke zupfen. Die Möhren putzen, schälen und in ca.
  5 cm lange Stücke schneiden. Die Stücke längs zuerst in
  Scheiben, dann in Streifen schneiden. Die Avocado
  schälen, halbieren und entkernen. Das Fruchtfleisch in
  Scheiben schneiden und sofort mit dem übrigen Zitronensaft beträufeln.

- Den Römersalat auf 2 Teller verteilen. Möhrenstreifen
  und Avocadoscheiben darauf anrichten. Mit dem Joghurtdressing beträufeln und das Fleisch darauf geben.

Variante Nehmen Sie statt Hähnchenbrustfilet Schweine-
filet. Oder Sie zerpflücken Thunfisch aus der Dose (im
eigenen Saft) und geben Sie diesen auf den Salat.

Blumenkohlsalat

Zum Sattessen!

▶ KH pro Portion 4,2 g (bei 3 Portionen)
Braucht etwas mehr Zeit · Für 2–3 Portionen
🕐 25 Min. + 30 Min. Ziehzeit
1 kleiner Blumenkohl · Salz · 4–5 EL Zitronensaft ·
½ Zwiebel · ⅛ l heiße Gemüsebrühe · Salz | Pfeffer,
frisch gemahlen · 3 EL Öl

- Den Blumenkohl putzen, waschen und in mundgerechte
  Röschen teilen. Salzwasser aufkochen, etwas Zitronensaft
  zugeben und den Blumenkohl darin 5–10 Min. garen.

- Die Zwiebel abziehen und fein würfeln. Die heiße Gemüsebrühe mit Zitronensaft, Salz und Pfeffer würzen und zusammen mit den Zwiebelwürfeln unter den Blumenkohl
  mischen. Zugedeckt mind. 30 Min. ziehen lassen. Vor dem
  Servieren das Öl untermischen und mit Salz und Pfeffer
  abschmecken.

Das passt dazu Lecker zu Fischgerichten, kaltem
Rindfleisch (Bratenaufschnitt oder Tatar) und auch zu
Gegrilltem.

Tipp

Der Blumenkohl lässt sich auch roh als Salat zubereiten.
Dazu den Blumenkohl waschen, putzen und in Salzwasser legen. Dann nochmals waschen. In kleinste Röschen
teilen oder den Kohl auf dem Gurkenhobel hobeln. Aus
4 EL Sahne, 2–3 EL Zitronensaft, Salz und 1 Prise Zucker
ein Dressing rühren und über den Blumenkohl geben.
Mindestens 15 Min. ziehen lassen.

Zucchinipuffer mit Kräuterquark

Eine vollständige Mahlzeit, bei der man nichts vermisst.

▶ KH pro Portion 20 g
Gelingt leicht · Für 2 Portionen
🕑 15 Min. + 15 Min. Garzeit
Für die Puffer: 1 Zucchini (ca. 300 g) · 300 g Möhren · 2 Eier ·
1 EL (gut gehäuft) feine Haferflocken · 2 EL gehackte Petersilie ·
1 EL Zitronensaft · Salz | Pfeffer, frisch gemahlen · 2 EL Öl
Für den Kräuterquark: 250 g Quark (20 %) · 4 EL Milch ·
4 EL gehackte Kräuter · 1 TL Zitronensaft

– Die Zucchini waschen und putzen. Die Möhren schälen und putzen. Beides auf der Gemüsereibe grob raspeln. Das Gemüse mit den Eiern, Haferflocken, Petersilie und Zitronensaft gründlich mischen. Mit Salz und Pfeffer würzen.

– Etwas Öl in einer beschichteten Pfanne erhitzen. Pro Puffer 1 EL Gemüsemasse in die Pfanne geben, etwas flach drücken und von beiden Seiten knusprig braten. Mit dem übrigen Öl und der restlichen Gemüsemasse weitere Puffer backen.

– Für den Kräuterquark den Quark mit den übrigen Zutaten glatt rühren.

Tipp

Für den selbstgemachten Kräuterquark eignen sich Schnittlauch, Petersilie, Basilikum und/oder Thymian. Wenn es blitzschnell gehen soll, können Sie auch fertig gekauften Kräuterquark nehmen.

Mangoldrouladen mit Tomatensauce

Lecker-gefüllte Röllchen mit fruchtiger Sauce.

▶ KH pro Portion 5 g
Preisgünstig · Für 2 Portionen
🕑 10 Min. + 18 Min. Garzeit
Für die Tomatensauce: ½ kleine Zwiebel · 1 EL Öl · 1 Dose stückige Tomaten (240 g Abtropfgewicht) · 1 gestr. TL körnige Gemüsebrühe · Salz | Pfeffer, frisch gemahlen · 1 EL Schnittlauchröllchen
Für die Rouladen: 4 große Mangoldblätter · 8 Scheiben Gouda (ca. 160 g) · 4 Scheiben gekochter Schinken (ca. 120 g) · ½ EL Butter (10 g) · 1 EL Öl · Holzstäbchen

– Die Zwiebel abziehen und fein würfeln. Im Öl andünsten. Die Tomaten zugeben und aufkochen. Mit Gemüsebrühe, Salz und Pfeffer würzen und ca. 10 Min. köcheln lassen.

– Für die Rouladen die Mangoldblätter putzen, waschen und trocken tupfen. Wenn nötig vom Gouda die Rinde entfernen. Je 1 Scheibe Schinken und 2 Scheiben Gouda auf je 1 Mangoldblatt legen. Den Mangold aufrollen und mit Holzstäbchen feststecken.

– Butter und Öl in eine beschichtete Pfanne geben und erhitzen. Die Rouladen darin rundherum ca. 8 Min. bei mittlerer Hitze anbraten. Sie sollen nicht zu dunkel werden, daher die Mangoldrouladen regelmäßig wenden. Mit der Tomatensauce servieren.

Variante Die Rouladen lassen sich auch mit Hackfleisch füllen, z.B. nach dem Rezept von S. 87.

Ratatouille

Der Klassiker aus Südfrankreich.

▶ KH pro Portion 17 g
Gelingt leicht · Für 2 Portionen
🕐 20 Min. + 15 Min. Garzeit
1 Aubergine (ca. 300 g) · ½ Gemüsezwiebel (100 g) ·
1 Knoblauchzehe · 1 gelbe Paprikaschote · 300 g Zucchini ·
300 g mittelgroße Tomaten · 2 EL Öl · 1 Zweig Rosmarin ·
Salz | Pfeffer, frisch gemahlen

— Die Aubergine längs vierteln und in 1 cm breite Stücke schneiden. In eine Schüssel geben, reichlich salzen und ziehen lassen.

— Die Zwiebel abziehen, halbieren und in Streifen schneiden. Knoblauch abziehen und fein würfeln. Die Paprikaschote waschen, putzen und in mundgerechte Stücke schneiden. Die Zucchini waschen, putzen, längs halbieren und in 1 cm dicke Scheiben schneiden.

— Die Tomaten kreuzweise einritzen und mit kochendem Wasser überbrühen. Die Tomaten abziehen und würfeln, dabei die Stielansätze entfernen.

— Das Öl in einer großen Pfanne erhitzen, Zwiebeln und Knoblauch darin bei mittlerer Hitze glasig dünsten.

— Die Auberginen mit kaltem Wasser in einem Sieb abspülen, trocken tupfen und mit den Zucchinischeiben und den Paprikastücken in die Pfanne geben. 5–8 Min. unter regelmäßigem Wenden bei starker Hitze dünsten. Tomaten und Rosmarin zugeben und alles zusammen weitere 5 Min. dünsten. Den Rosmarinzweig entfernen und das Ratatouille mit Salz und Pfeffer würzen.

Tipp
Als Beilage, etwa zu gebratenem Fleisch, reicht die Menge für 4 Portionen

 Ratatouille

Rote-Linsen-Gemüse-Paella

Eine prima Variante ohne Reis.

▶ KH pro Portion 40 g
Braucht etwas mehr Zeit · Für 2 Portionen
🕐 15 Min. + 20 Min. Garzeit
100 g tiefgekühlte Erbsen · 100 g feine grüne Bohnen ·
Salz · 1 rote Paprikaschote · 1 Zwiebel · 1 Knoblauchzehe ·
2 EL Öl · 150 g rote Linsen · 300 ml Gemüsebrühe · Pfeffer ·
1 unbehandelte Zitrone (nach Belieben)

— Erbsen in der Mikrowelle auftauen lassen (oder rechtzeitig auftauen lassen). Bohnen waschen, putzen und halbieren. Die Bohnen in reichlich kochendem Salzwasser 5 Min. blanchieren, dann die Erbsen zugeben und 3 Min. kochen lassen. Abgießen und eiskalt abschrecken.

— Die Paprikaschote waschen, putzen und grob würfeln. Zwiebel und Knoblauch abziehen und fein würfeln. Zwiebel und Knoblauch im Öl in einer großen Pfanne andünsten. Linsen und Gemüsebrühe zugeben und alles bei mittlerer Hitze 5 Min. offen köcheln lassen.

— Erbsen, Bohnen und Paprika unterrühren und alles noch 5 Min. köcheln lassen. Dann ohne Weiteres Umrühren die Paella bei kleiner Hitze ausdampfen lassen, bis sie sämig ist.

— Die Paella mit Salz und Pfeffer abschmecken. Die Zitrone heiß waschen, in Spalten schneiden und dazu servieren.

Wichtig Dieses Gericht liefert eine vergleichsweise hohe Menge an Kohlenhydraten. Allerdings stammen diese aus wertvollen Hülsenfrüchten: Die roten Linsen bringen gleichzeitig viel hochwertiges pflanzliches Eiweiß mit. Sie enthalten Ballaststoffe, die Magen und Darm guttun und außerdem dafür sorgen, dass der Blutzuckerspiegel nach der Mahlzeit nur langsam und mäßig steigt. Sie fühlen sich lange satt und leistungsfähig.

Buntes Pfannengemüse

Lecker zu Kurzgebratenem.

▶ KH pro Portion 6 g
Geht schnell · Für 2 Portionen
🕐 10 Min. + 10 Min. Garzeit
2 Frühlingszwiebeln · 5 Champignons ·
1 Zucchini · je 1 kleine rote und gelbe
Paprikaschote · 2 EL Öl · 2 TL getrock-
neter Majoran · Salz | Pfeffer, frisch
gemahlen · abgeriebene Schale von
½ unbehandelten Zitrone

▬ Die Frühlingszwiebeln waschen,
putzen und in dünne Ringe schneiden. Champignons mit einem trockenen Küchenpapier abwischen,
den Stiel einkürzen. Die Zucchini
waschen und putzen. Champignons
und Zuccini in dünne Scheiben
schneiden. Die Paprikaschoten waschen, putzen und in grobe Stücke
schneiden.

▬ Öl in einer breiten Pfanne erhitzen.
Das vorbereitete Gemüse sowie den
Majoran zugeben und alles unter
gelegentlichem Rühren bei mittlerer Hitze mindestens 10 Min. anbraten, bis das Gemüse bissfest bis
weich ist und Farbe genommen hat.
Mit Salz, Pfeffer und Zitronenschale
würzen.

◀ Buntes Pfannengemüse

Blumenkohl-Brokkoli-Gratin

Auch lecker mit Raclettekäse oder
italienischem Fontina.

▶ KH pro Portion 7 g
Preisgünstig · Für 2 Portionen
🕐 25 Min. + 15 Min. Backzeit
200 g Blumenkohl · 200 g Brokkoli ·
Salz · 100 g Bergkäse · 100 g Crème
fraîche · 3 EL Sahne · frisch geriebene
Muskatnuss · 20 g Butter und Butter
für die Form

▬ Blumenkohl und Brokkoli waschen,
putzen und in Röschen teilen. In
kochendem Salzwasser in ca. 7 Min.
al dente garen.

▬ Den Backofen auf 180 Grad (Umluft
160 Grad) vorheizen. Den Käse reiben. Crème fraîche, Sahne und die
Hälfte des geriebenen Käses gut verrühren. Mit Salz und Muskatnuss
abschmecken.

▬ Das Gemüse abgießen, abtropfen
und in eine gefettete Auflaufform
geben. Die Käsesauce darübergie-
ßen. Die Butter in Flöckchen darauf
verteilen und das Gratin mit dem
übrigen Käse bestreuen. Im Ofen
(Mitte) ca. 15 Min. überbacken.

Variante Gut schmeckt das Gratin
z. B. mit Spinat und Champignons,
Tomaten und grünen Bohnen, Chicorée (vorher in Öl angebraten).

Rosenkohlgemüse

Super-schnell zubereitet.

▶ KH pro Portion 12 g
Geht schnell · Für 2 Portionen
🕐 7 Min. + 8 Min. Garzeit
400 g tiefgekühlter Rosenkohl ·
1 Zwiebel · 1 Knoblauchzehe · 1 EL Öl ·
Salz | Pfeffer, frisch gemahlen · frisch
geriebene Muskatnuss · 150 ml Sahne · 2 TL Zitronensaft

▬ Den Rosenkohl in der Mikrowelle
auftauen lassen (oder rechtzeitig
bei Zimmertemperatur auftauen).
In der Zwischenzeit Zwiebel und
Knoblauch abziehen. Die Zwiebel
vierteln und jedes Viertel quer in
feine Streifen schneiden, den Knoblauch fein würfeln.

▬ Das Öl erhitzen und Zwiebelstreifen
und Knoblauchwürfeln darin kurz
unter Rühren andünsten. Den Rosenkohl zugeben und untermischen.
Mit Salz, Pfeffer und Muskatnuss
würzen.

▬ Die Sahne zugeben und alles 5 Min.
offen köcheln lassen, bis die Sahne
dicklich ist. Mit Zitronensaft abschmecken und servieren.

Variante Auch lecker: Speckstreifen
leicht anbraten und untermischen.

Eintopf mit Paprika und Staudensellerie

Würzig-herzhaft und rein vegetarisch.

▶ KH pro Portion 15 g
Preisgünstig · Für 2 Portionen
🕐 10 Min. + 20 Min. Garzeit
2 Zwiebeln (ca. 200 g) · 1–2 rote Paprikaschoten (ca. 250 g) · 4–5 Stangen Staudensellerie (250 g) · 3 EL Öl · 250 g Tomaten · ½ EL edelsüßes Paprikapulver · Salz | Pfeffer, frisch gemahlen

- Die Zwiebeln abziehen und in dickere Ringe schneiden. Paprikaschote und Staudensellerie waschen und putzen. Die Paprikaschote achteln und in Streifen schneiden. Die Sellerieblätter abzupfen und beiseite legen, die Stangen in Stücke schneiden.

- Die Zwiebelringe im heißen Öl goldgelb andünsten. Paprika und Sellerie unterrühren und alles etwa 10 Min. dünsten.

- Die Tomaten kreuzweise einritzen und mit kochendem Wasser überbrühen. Tomaten abziehen und in mundgerechte Stücke schneiden. Zu den Paprika geben, alles mit Paprikapulver würzen und weitere 10 Min. bei geringer Hitze köcheln lassen.

- Die Sellerieblätter hacken. Den Eintopf mit Salz und Pfeffer abschmecken. Die Sellerieblätter darauf streuen und etwas unterrühren.

Auberginenlasagne

So kommt Lasagne auch ohne Nudeln aus.

▶ KH pro Portion 11 g
Braucht etwas mehr Zeit · Für 2 Portionen
🕐 30 Min. + 1 Std. Ziehzeit
2 kleine Auberginen · Salz · 5 EL Öl · Salz | Pfeffer, frisch gemahlen · 1 Knoblauchzehe · 1–2 TL getrocknete Kräuter (z. B. Kräuter der Provence) · 500 g passierte Tomaten · 2–3 TL Pesto · 2 EL geriebener Parmesan

- Die Auberginen waschen und die Stielansätze entfernen. Die Früchte mit einem großen Messer längs in gut ½ cm dicke Scheiben schneiden. Mit reichlich Salz bestreuen und 1 Std. ziehen lassen.

- Den Backofen auf 80 Grad vorheizen. Die Auberginenscheiben mit kaltem Wasser abspülen und trocken tupfen. 4 EL Öl in ein Schälchen geben und die Auberginenscheiben damit einpinseln. In einer heißen beschichteten Pfanne von beiden Seiten braten, bis die Scheiben gar sind. Die fertig gebratenen Scheiben im Backofen warmhalten.

- Den Knoblauch abziehen und fein würfeln. In 1 EL Öl andünsten, dann die Kräuter und die passierten Tomaten zugeben und das Ganze dicklich einkochen lassen.

- Die Auberginenscheiben dünn mit Pesto bestreichen. Tomatensauce und Auberginenscheiben auf 2 Tellern zu je einer Lasagne schichten, dabei mit Tomatensauce beginnen und mit Aubergine abschließen. Alles mit Parmesan bestreuen.

Variante Wer für dieses sommerlich-südliche Gericht frische Kräuter verwenden möchte, kann Oregano und Thymian oder auch Petersilie und ein wenig Minze nehmen.

◀ Auberginenlasagne

Überbackene Eier im Spinatbett

Spinat und Eier raffiniert zubereitet.

► KH pro Portion 3 g
Gelingt leicht · Für 2 Portionen
🕐 20 Min. + ca. 15 Min. Backzeit

300 g tiefgekühlter Blattspinat · ½ kleine Zwiebel · 1 kleine Knoblauchzehe · 2 EL Öl · 2 EL geriebener Parmesan · etwas Salz und Pfeffer · ½ TL frisch geriebene Muskatnuss · 2 EL Sahne · 2 Eier · 5 Kugeln Mini-Mozzarella (ca. 60 g) · Öl für die Formen · 2 feuerfeste Souffléförmchen

▬ Den Spinat in der Mikrowelle auftauen lassen (oder recht-zeitig bei Zimmertemperatur auftauen) und ausdrücken. Zwiebel und Knoblauch abziehen und fein würfeln. Den Backofen auf 170 Grad (Umluft 160 Grad) vorheizen.

▬ Das Öl in einer Pfanne erhitzen. Zwiebel und Knoblauch darin glasig dünsten. Den Spinat zufügen und ca. 3 Min. mitdünsten. Dann den Parmesan unterrühren. Den Spinat mit Salz, Pfeffer und Muskatnuss würzen. Sahne unter-rühren.

▬ Die Förmchen mit Öl einfetten und den Spinat darin ver-teilen. In die Mitte jeweils eine Mulde drücken und in jede ein aufgeschlagenes Ei hineingleiten lassen.

▬ Eier auf Spinat im Ofen (Mitte) 10–15 Min. garen. Den Mozzarella abtropfen lassen und jede Kugel halbieren. In jedes Förmchen 5 Käsehälften geben und im heißen Ofen schmelzen lassen.

Das passt dazu Low-Carb-Brot.

Kohlrabischnitzel mit Schnittlauchquark

Kohlrabi in würziger Panade ausgebacken.

► KH pro Portion 26 g
Preisgünstig · Für 2 Portionen
🕐 20 Min. + 12 Min. Garzeit

Für den Schnittlauchquark: 1 Bund Schnittlauch · 1 Knoblauchzehe · 250 g Magerquark · 1–2 EL Milch · Salz | Pfeffer, frisch gemahlen
Für die Kohlrabischnitzel: 1 Kohlrabi (ca. 500 g) · ⅛ l Gemüsebrühe · 1 EL Mehl · 1 kleines Ei · 60 g geriebener Parmesan · 60 g gemahlene Nüsse · 3 EL Öl

▬ Für den Quark den Schnittlauch waschen, trocken schüt-teln und in feine Röllchen schneiden. Den Knoblauch ab-ziehen und fein würfeln oder durchpressen. Den Quark mit Schnittlauch, Knoblauch und Milch verrühren und mit Salz und Pfeffer würzen.

▬ Den Kohlrabi schälen und in 0,5 cm dicke Scheiben schneiden. In der Gemüsebrühe ca. 8 Min. bissfest garen. Herausnehmen und etwas abkühlen lassen.

▬ Das Mehl auf einen Teller geben. Das Ei verquirlen und in einen tiefen Teller geben. Parmesan mit den Nüssen mischen und ebenfalls auf einen Teller geben.

▬ Das Öl erhitzen. Die Kohlrabischeiben erst im Mehl, dann im verquirlten Ei und zuletzt in der Käse-Nuss-Masse wenden. In heißen Öl auf beiden Seiten ca. 4 Min. gold-gelb braten.

Fisch-Brokkoli-Auflauf

Hier übernimmt der Backofen die Hauptarbeit.

▶ KH pro Portion 7,1 g (bei 3 Portionen)
Gut vorzubereiten · Für 2–3 Portionen
🕐 20 Min. + 30 Min. Backzeit
400 g tiefgekühltes Alaska-Seelachs-filet · 300 g Brokkoli · Salz, frisch gemahlener Pfeffer · 200 g Kräuter-frischkäse · 200 g Schmand · 3 Eier · Öl für die Form

- Den Backofen auf 200 Grad (Umluft 180 Grad) vorheizen. Den Fisch in der Mikrowelle auftauen lassen oder rechtzeitig auftauen lassen. Den Brokkoli waschen, putzen und in Röschen teilen. In kochendem Salzwasser blanchieren.

- Frischkäse, Schmand und die Eier verquirlen und mit Salz und Pfeffer kräftig abschmecken. Das Fischfilet in 1–2 cm große Würfel schneiden.

- Eine Auflaufform mit etwas Öl aus-streichen. Die Brokkoliröschen und die Fischwürfel hineingeben und die Frischkäsemischung darüber-gießen. Im Ofen (Mitte) 30 Min. backen.

Variante Für eine Tarte eine Spring-form mit Strudelteigblättern (diese vorher mit etwas Öl bestreichen) auslegen.

Barsch in Weißweinsauce

Die perfekte Kombi – Fisch und Weißwein.

▶ KH pro Portion 10 g
Gelingt leicht · Für 2 Portionen
🕐 7 Min. + 10 Min. Garzeit
500 g Barschfilet (z. B. Victoriabarsch-filet) · Saft von ½ Zitrone · 1 Zwiebel · 1 Bund Dill · 1 EL Öl · ⅛ l Weißwein (idealerweise Gewürztraminer) · Salz | Pfeffer, frisch gemahlen · 150 g Sahne · 1 TL Speisestärke

- Das Fischfilet abspülen und trocken tupfen. Mit Zitronensaft beträufeln.

- Die Zwiebel abziehen und fein wür-feln. Den Dill waschen und trocken schütteln, die Blättchen abzupfen und hacken.

- Das Öl in einem Topf erhitzen und die Zwiebeln darin glasig dünsten. Den Fisch hineinlegen und Dill und Wein zugeben, mit Salz und Pfeffer würzen. Zugedeckt 10 Min. dünsten.

- Den Fisch vorsichtig herausnehmen und auf vorgewärmte Teller legen. Die Sahne mit der Speisestärke ver-rühren und zu der Sauce geben. Alles kurz aufkochen und zum Fisch servieren.

Variante Alternativ können Sie die Sauce auch mit Crème fraîche an-dicken.

Loup de Mer mit Salbeibutter

Simples Rezept und ganz fein für Gäste.

▶ KH pro Portion 1 g
Geht schnell · Für 2 Portionen
🕐 7 Min. + 8 Min. Garzeit
4 Loup-de-Mer-Filets (à 120 g) · Saft von ½ Zitrone · Salz | Pfeffer, frisch gemahlen · etwas Mehl · 50 g Butter · 1 EL Öl · 8 frische Salbeiblätter

- Die Filets waschen, trocken tupfen und mit Zitronensaft beträufeln. Mit Salz und Pfeffer würzen und leicht mit etwas Mehl bestäuben.

- Die Hälfte der Butter und das Öl in einer großen Pfanne erhitzen und die Filets von beiden Seiten jeweils etwa 3 Min. goldbraun braten.

- In der Zwischenzeit die übrige But-ter erhitzen und die Salbeiblätter darin schwenken. Den Salbei auf die Fische legen und servieren.

TIPP
Loup de Mer wird auch Wolfs-barsch genannt. Er hat nur wenig Gräten und sein Fleisch ist klein-faserig und fein im Geschmack.

Loup de Mer mit Salbeibutter ▶

76

Auberginen-Schollen-Röllchen

Sehr lecker und prima auch für Gäste.

▶ KH pro Portion 9 g
Braucht etwas mehr Zeit · Für 2 Portionen
🕐 40 Min. + 1 Std. Ziehzeit
1 große Aubergine · Salz · 1 Schalotte · 1 Knoblauchzehe · Öl zum Braten · 400 g stückige Tomaten (Tetrapak oder Dose) · Pfeffer · 1 TL getrockneter Thymian · 6 Schollenfilets (ca. 350 g) · Zitronensaft zum Beträufeln · 8 Holzzahnstocher

— Die Aubergine waschen, putzen und längs in 8 Scheiben schneiden, die beiden äußeren Scheiben wegwerfen oder anderweitig verwenden (z.B. für das Ratatouille auf S. 69). Die Scheiben beidseitig salzen und 1 Std. ziehen lassen.

— Die Schalotte und den Knoblauch abziehen und fein würfeln. In 1 EL Öl andünsten. Die Tomaten zugeben, mit Salz, Pfeffer und Thymian würzen und offen köcheln lassen.

— Etwas Öl in einer Pfanne erhitzen und die Auberginenscheiben portionsweise darin ca. 5 von beiden Seiten goldbraun anbraten. Auf Küchenpapier abtropfen lassen.

— Den Backofen auf 200 Grad (Umluft 180 Grad) vorheizen. Die Fischfilets kurz abwaschen und trocken tupfen. Auf die Auberginenscheiben legen, mit Salz und Pfeffer würzen und mit Zitronensaft beträufeln. Die Scheiben aufrollen und mit Zahnstocher feststecken.

— Die Tomatensauce in eine Auflaufform geben und die Auberginenröllchen hineinsetzen. Im Ofen (Mitte) ca. 10 Min. garen.

Das passt dazu Dieses Gericht hat sehr wenig Kohlenhydrate, sodass Sie nach Belieben noch rote Linsen dazu servieren können (80–100 g für 2 Portionen). Die Linsen sind in nur 10–15 Min. gar. Vor dem Servieren mit Salz, Pfeffer und TK-Kräutern nach Geschmack würzen.

Kabeljau auf Orangensauce

Mediterran-frisch mit Tomaten und Kapern.

▶ KH pro Portion 12 g
Gelingt leicht · Für 2 Portionen
🕐 15 Min. + ca. 20 Min. Garzeit
1 unbehandelte Orange · 200 g Cocktailtomaten · 1 Schalotte · 1 Knoblauchzehe · 3 EL Öl · 1 EL Zitronensaft · 350 g Kabeljaufilets · Salz | Pfeffer, frisch gemahlen · 1 TL eingelegte Kapern · 1 EL Basilikum

— Den Backofen auf 200 Grad (Umluft 180 Grad) vorheizen. Von der Orange die Schale abreiben, dann die Orange so schälen, dass die weiße Haut vollständig entfernt ist. Das Fruchtfleisch in dünne Scheiben schneiden.

— Die Tomaten vierteln. Schalotte und Knoblauch abziehen, die Schalotte fein würfeln, den Knoblauch durch die Presse drücken. Beides mit Orangenschale, Öl und Zitronensaft mischen.

— Die Kabeljaufilets entgräten und in 6–8 Stücke teilen. Mit den Tomaten und Orangen in eine große feuerfeste Form (ca. 35 × 25 cm) geben. Alles salzen und pfeffern und mit der Orangensauce beträufeln. Die Kapern darüber streuen. Im vorgeheizten Ofen (2. Schiene von unten) 15–20 Min. garen.

— Basilikum waschen, trocken tupfen und grob zupfen. Über den Fisch streuen und diesen servieren.

Das passt dazu Ein Blattsalat ist hier ein guter Begleiter, so bleibt das gesamte Gericht sehr kohlenhydratarm. Und auch Wildreis passt sehr gut zu diesem feinen Gericht. Der liefert allerdings Kohlenhydrate. Kochen Sie 50 g Wildreis, servieren Sie aber nur die Hälfte zum Kabeljau. Bringen 18 g Kohlenhydrate zusätzlich. Die zweite Portion Reis bewahren Sie im Kühlschrank auf. Diese können Sie am nächsten Tag z.B. unter den Blumenkohlsalat von S. 65 mischen.

Pangasiusfilet mit Frühlingszwiebeln und Möhren

Schonend gegart im Frühlingszwiebel-Möhren-Bett.

▶ KH pro Portion 20 g
Gelingt leicht · Für 2 Portionen
🕐 15 Min. + 10 Min. Garzeit
2 Pangasiusfilets (à ca. 200 g) · 1 EL Zitronensaft ·
400 g Frühlingszwiebeln (geputzt 300 g) · 300 g Möhren ·
2 EL Öl · 200 ml Gemüsebrühe · 2 EL Weißweinessig ·
2 TL Agavendicksaft (Bioladen, Reformhaus, alternativ
Honig) · Salz | Pfeffer, frisch gemahlen · 2 EL gehackter Dill

— Die Fischfilets kalt abspülen und trocken tupfen. Mit
Zitronensaft beträufeln und zugedeckt ziehen lassen.

— Inzwischen die Frühlingszwiebeln waschen, putzen und
in 3 cm lange Stücke schneiden. Die Möhren schälen, putzen und zunächst in 3 cm lange Stücke, dann diese längs
in ½ cm dicke Stifte schneiden.

— Das Öl in einer großen Pfanne erhitzen und die Möhren
darin 2 Min. pfannenrühren. Die Frühlingszwiebeln zugeben und unter Rühren bräunen. Mit Gemüsebrühe und
Weißweinessig ablöschen. Den Agavendicksaft einrühren.

— Die Fischfilets salzen, pfeffern und auf das Gemüse legen.
Zugedeckt auf jeder Seite 3 Min. dämpfen. Die Fischfilets
auf vorgewärmten Tellern anrichten. Das Gemüse mit Salz
und Pfeffer abschmecken und ebenfalls auf den Tellern
anrichten. Mit Dill bestreut servieren.

Tipp

**Das spart Zeit bei der Vorbereitung: Verwenden Sie statt
frischer Möhren aufgetaute Tiefkühl-Möhren.**

Lachssteak-Päckchen

Herrlich – mit frischem Blattspinat.

▶ KH pro Portion 4 g
Gut vorzubereiten · Für 2 Portionen
🕐 15 Min. + 25 Min. Garzeit
2 Tomaten (oder gewürzte Tomatenstücke, siehe Tipp) ·
1 Schalotte · 1 Knoblauchzehe · 2 EL fein geschnittene
Basilikumblätter · 2 TL Öl · 1 TL Zitronensaft · Salz | Pfeffer,
frisch gemahlen · 100 g junger Spinat (alternativ Feldsalat) ·
2 Lachssteaks (à 150 g) · 2 Stück Alufolie (30 x 30 cm)

— Den Backofen auf 200 Grad vorheizen. Die Tomaten waschen, entkernen und würfeln. Schalotte und Knoblauch
abziehen und fein würfeln. Die Tomatenwürfel mit Basilikum, Schalotten, Knoblauch, Öl und Zitronensaft in eine
Schüssel geben und vermischen, mit Salz und Pfeffer
würzig abschmecken.

— Den Spinat waschen, trocken schütteln und verlesen. Die
Lachssteaks waschen und trocken tupfen. Die Alufolie
ausbreiten, in die Mitte jeweils die Hälfte des Blattspinats
geben und den Lachs darauf legen.

— Jeweils die Hälfte der Tomatenmischung über den Fisch
geben, die Alufolie darüberschlagen und so falten, dass die
Päckchen verschlossen sind und nichts auslaufen kann. Im
Ofen (Mitte, Umluft 180 Grad) ca. 30 Min. garen.

Das passt dazu Low-Carb-Weißbrot.

Tipp

**So geht's schneller: Fertig gewürzte stückige Tomaten
aus dem Tetra-Pak oder dem Glas verwenden. Je nach
Geschmack und verwendeter Mischung Zwiebeln, Knoblauch und Basilikum weglassen. Mit Öl und Zitronensaft
aus der Zutatenliste verfeinern.**

Lachsforellenstreifen mit Erbsenpüree

Ein richtiger Hingucker.

▶ KH pro Portion 26 g
Geht schnell · Für 2 Portionen
⏱ 5 Min. + 15 Min. Garzeit
1 Zwiebel · 1 Knoblauchzehe · 1 Bund Petersilie ·
300 g Lachsforellenfilet mit Haut (alternativ
Lachsfilet) · 2 EL Butterschmalz · 2 EL Pinienkerne ·
300 g tiefgekühlte Erbsen · 1 EL Crème fraîche ·
Salz | Pfeffer, frisch gemahlen · frisch geriebene
Muskatnuss

– Zwiebel und Knoblauch abziehen und fein
  würfeln. Die Petersilie waschen, trocken schütteln und die Blätter abzupfen. Das Lachsforellenfilet in 4 Streifen schneiden.

– 1 EL Butterschmalz erhitzen. Die Lachsforellen-
  streifen darin auf der Hautseite zunächst 5 Min.
  braten. Wenden, die Pinienkerne zufügen und
  zusammen mit dem Fisch weitere 2 Min. braten.

– Während der Fisch brät, Zwiebel und Knoblauch in dem übrigen Butterschmalz andünsten,
  ohne dass sie bräunen. Die gefrorenen Erbsen
  zugeben und unter Rühren auftauen lassen.
  Dann ein paar Minuten unter Rühren weiter-
  dünsten.

– Petersilie und Crème fraîche zu den Erbsen geben und alles fein pürieren. Mit Salz, Pfeffer und
  Muskatnuss würzen. Mit den Lachsforellenstrei-
  fen servieren.

Rotbarsch in Zitronensauce

Schnell zubereitet – mit schöner Sauce.

▶ KH pro Portion 6 g
Geht schnell · Für 2 Portionen
🕐 7 Min. + 8 Min. Garzeit

2 Rotbarschfilets (à 120–150 g) · 1 Schalotte (oder ½ kleine Zwiebel) · 2 EL Öl · 75 ml Fischfond (oder Gemüsebrühe) · 75 ml Wein · Saft und Abrieb von ½ unbehandelten Zitrone · 1 TL Honig · 2 TL eingelegte Kapern · Salz | Pfeffer, frisch gemahlen · 1–2 EL Crème fraîche · frisch geriebene Muskatnuss

- Die Rotbarschfilets kalt abspülen und trocken tupfen. Die Schalotte abziehen und fein würfeln. 1 EL Öl erhitzen und die Zwiebeln darin anbraten. Mit Fischfond und Wein ablöschen. Zitronenschale und -abrieb zufügen und den Honig einrühren. Alles köcheln lassen.

- Inzwischen die Fischfilets salzen und pfeffern. In einer zweiten Pfanne das übrige Öl erhitzen und den Fisch auf beiden Seiten kurz anbraten.

- Die Filets in die Sauce legen und 2 Min. gar ziehen lassen. Den Fisch auf vorgewärmte Teller geben. Kapern und Crème fraîche unter die Sauce rühren. Diese mit Salz, Pfeffer und Muskatnuss abschmecken.

Variante Der Rotbarsch lässt sich leicht durch einen Süßwasserfisch austauschen. Probieren Sie beispielsweise auch einmal Zanderfilet.

Das passt dazu Gebratener Spargel: 500 g Spargel schälen und in Stücke schneiden. 2 EL Butter in einer Pfanne zerlassen und die Spargelstücke darin bei geringer Hitze bissfest garen. Mit Salz und Pfeffer würzen.

Fischspieße mit Curry-Paprika-Sauce

Die Spieße lassen sich auch prima grillen.

▶ KH pro Portion 9 g
Braucht etwas mehr Zeit · Für 2 Portionen
🕐 15 Min. + 20 Min. Garzeit

Für die Spieße: 400 g Fischfilet (z. B. Seelachs, Rotbarsch) · Salz | Pfeffer, frisch gemahlen · 8 Scheiben geräuchertes Bauchfleisch · 1 kleine Zucchini · 8 Kirschtomaten · 1 EL Öl
Für die Sauce: 1 gelbe Paprikaschote · ½ Zwiebel · 1 EL Öl · 75 g saure Sahne · ½ TL Currypulver · Salz | Pfeffer, frisch gemahlen · 4 Holzspieße

- Fischfilet in 16 Würfel schneiden, salzen und pfeffern. Bauschfleischscheiben halbieren und die Fischwürfel damit umwickeln. Die Zucchini waschen, putzen und in 8 gleichmäßige Scheiben schneiden. Die Tomaten waschen. Alles abwechselnd auf die Spieße stecken.

- Für die Sauce die Paprikaschote waschen, putzen und in grobe Würfel schneiden. Die Zwiebel abziehen und fein würfeln. Im heißen Öl beides zugedeckt 10 Min. andünsten.

- Inzwischen in einer Pfanne das Öl erhitzen und die Spieße darin rundherum ca. 8–10 Min. braten.

- Die saure Sahne zu den Paprika geben und alles mit dem Blitzhacker pürieren. Curry unterrühren und mit Salz und Pfeffer abschmecken.

Das passt dazu Lecker zu Bulgur oder Couscous – die bringen diesem sehr kohlenhydratarmen Gericht allerdings ein paar Kohlenhydrate. Beide Beilagen aus Weizen sind einfach und schnell zubereitet: Bulgur mit Gemüsebrühe aufkochen und 7 Min. köcheln lassen; Couscous mit kochendem Wasser übergießen und 5–10 Min in kochendem Wasser quellen lassen. Mit etwas Butter verfeinern. 25 g ungegarter Bulgur oder Couscous liefern etwa 17 g KH.

Entenbrust in Orangensauce

Ein Klassiker – Ente a l'orange.

▶ KH pro Portion 23 g
Braucht etwas mehr Zeit · Für 2 Portionen
🕐 15 Min. + 20 Min. Garzeit
1 Entenbrust (ca. 300 g) · 1 große unbehandelte Orange (oder 2 kleine) · Salz · rosenscharfes Paprikapulver · ½ Bund Frühlingszwiebeln · 200 ml Orangensaft · 1 EL Butter

■ Die Entenbrust kalt abspülen, trocken tupfen und die Haut mit einem scharfen Messer rautenförmig nicht zu tief einschneiden, damit das Muskelfleisch nicht verletzt wird.

■ Die Orange heiß abwaschen, abtrocknen und mit einem Zestenreißer etwas Schale abziehen. Die Orange großzügig schälen, dass nur Fruchtfleisch übrigbleibt. Die Orangenfilets aus den Trennhäutchen schneiden. Die Frühlingszwiebeln waschen und putzen. Das weiße in schmale Ringe und das grüne in 4 cm lange Stücke schneiden.

■ Die Entenbrust mit der Hautseite in eine Pfanne legen. Diese auf mittlere Hitze erwärmen und das Fleisch 7 Min. braten, bis die Haut goldbraun ist und das Fett austritt. Die Entenbrust wenden und 10 Min. weiterbraten. Herausnehmen und in Alufolie gewickelt 10 Min. ruhen lassen.

■ Die weißen Teile der Frühlingszwiebeln in der Pfanne im Entenfett kurz andünsten, dann den Pfanneninhalt in ein Sieb geben und das Fett abtropfen lassen.

■ Den Orangensaft in der Pfanne erhitzen und bei starker Hitze auf die Hälfte einkochen. Die Butter unterrühren. Orangenfilets und die Frühlingszwiebeln zugeben. Die Sauce erwärmen und mit Salz und Paprikapulver abschmecken.

■ Das Fleisch in dünne Scheiben schneiden und mit den Frühlingszwiebeln und der Orangensauce servieren.

Puten-Paprika-Gulasch

Ein pikant gewürztes Geflügelgericht.

▶ KH pro Portion 19 g
Gelingt leicht · Für 2 Portionen
🕐 10 Min. + 15 Min. Garzeit
300 g Putenfleisch · 2 Zwiebeln · 1 Knoblauchzehe · 2 Paprikaschoten (rot und gelb) · 3 EL Öl · Salz | Pfeffer, frisch gemahlen · 1 TL rosenscharfes Paprikapulver · 1 EL Tomatenmark · 1 EL Mehl · 300 ml Geflügelbrühe · ½ Bund glatte Petersilie · 1 EL Crème fraîche

■ Das Putenfleisch abspülen, abtrocknen und in 3 cm große Stücke schneiden. Zwiebeln und Knoblauch abziehen. Die Zwiebel vierteln und in Streifen schneiden. Den Knoblauch fein würfeln. Paprikaschoten waschen, putzen, vierteln, entkernen und in grobe Stücke schneiden.

■ 1 EL Öl in einer Pfanne erhitzen. Die Fleischstücke darin bei starker Hitze rundherum 5 Min. anbraten. Mit Salz, Pfeffer und Paprikapulver würzen und herausnehmen.

■ Das übrige Öl in der Pfanne erhitzen. Zwiebeln und Knoblauch andünsten, dann die Paprika zugeben und alles bei mittlerer Hitze 3 Min. dünsten. Tomatenmark einrühren und kurz mitdünsten. Mit Mehl bestäuben und unterrühren. Brühe angießen und aufkochen. Das Putenfleisch zugeben und zugedeckt bei mittlerer Hitze 7 Min. garen.

■ Die Petersilie waschen und trocken schütteln, die Blättchen von den Stielen zupfen und hacken. Petersilie und Crème fraîche unter das Gulasch mischen und mit Salz und Pfeffer würzen.

Variante Sie können auch ein mildes helles Gulasch, also eher ein Putenfrikassee zubereiten: Nur gelbe Paprikaschoten verwenden, statt mit Paprikapulver mit 1–2 TL Currypulver würzen und 2 EL Crème fraîche verwenden.

Entenbrust in Orangensauce ▶

Fleischbällchen in Tomatensauce

Die Klößchen schmecken nicht nur Erwachsenen!

▶ KH pro Portion 25 g
Gelingt leicht · Für 2 Portionen
🕐 20 Min. + 20 Min. Garzeit
Für die Tomatensauce: 1 Frühlingszwiebel · 1 EL Öl ·
500 g passierte Tomaten · 100 ml Rotwein · Salz, Cayennepfeffer · evtl. 1 EL Tomatenmark
Für die Hackfleischbällchen: 1 Zwiebel · 1–2 Knoblauchzehen
· 2 EL Öl · 300 g gemischtes Hackfleisch · 1 Ei (Größe M) ·
Salz | Pfeffer, frisch gemahlen · 1 EL edelsüßes Paprikapulver ·
2 EL gemahlene Mandeln · 2 EL Semmelbrösel · 1 TL getrockneter Oregano

- Für die Tomatensauce die Frühlingszwiebel waschen,
putzen und in Ringe schneiden. Im heißen Öl andünsten.
Die Tomaten und den Rotwein zugeben. Mit Salz und
Cayennepfeffer würzen und 15 Min. bei geringer Hitze
köcheln lassen.

- Für die Fleischbällchen die Zwiebel und den Knoblauch
abziehen und fein würfeln. 1 EL Öl in einer Pfanne erhitzen und Zwiebel und Knoblauch darin bei geringer Hitze
kurz dünsten, dann abkühlen lassen.

- Das Hackfleisch mit dem Salz und reichlich Pfeffer würzen. Ei, Paprikapulver, Mandeln, Semmelbrösel und Oregano dazugeben und alles kräftig durchkneten, bis eine
schön glatte Mischung entsteht. Dann die abgekühlte
Zwiebel und Knoblauch unterkneten.

- Aus der Hackmasse tischtennisballgroße Kugeln formen.
Das übrige Öl erhitzen und die Bällchen darin rundherum
braten.

- Die Tomatensauce abschmecken und eventuell Tomatenmark zum Eindicken einrühren. Die Tomatensauce auf
Teller verteilen und die Hackfleischbällchen einlegen.

Chili con Carne

Der scharfe Klassiker mit roten Bohnen.

▶ KH pro Portion 27,6 g (bei 6 Portionen)
Gut vorzubereiten · Für 4–6 Portionen
🕐 10 Min. + 20 Min. Garzeit
2 Zwiebeln · 2 Knoblauchzehen · 1 frische Chilischote ·
750 g rote Bohnen (aus der Dose) · 800 g geschälte Tomaten
(aus der Dose) · 2 EL Öl · 500 g gemischtes Hackfleisch ·
Salz | Pfeffer, frisch gemahlen · edelsüßes Paprikapulver ·
1 Lorbeerblatt · Chilipulver

- Zwiebeln und Knoblauch abziehen und fein würfeln. Die
Chilischote waschen, aufschneiden und die Kerne ent-
fernen. Die Bohnen in einem Sieb abtropfen lassen. Die
Tomaten in Stücke schneiden, den Saft dabei auffangen.

- Das Öl in einem großen Topf erhitzen. Die Zwiebeln und
Knoblauch zugeben und anbraten. Hackfleisch zugeben,
zerpflücken und mit anbraten. Chilischote, Salz, Pfeffer,
Paprikapulver, Lorbeerblatt und Chilipulver zugeben und
¼ l heißes Wasser angießen.

- Bohnen und Tomaten samt Saft zugeben, alles aufkochen
und das Chili 15 Min. bei geringer Hitze schmoren lassen.
Chilischote und Lorbeerblatt entfernen und das Chili
servieren.

Tipp

Chili con carne lässt sich am besten in größeren Mengen
zubereiten. Deshalb sind hier die Mengen für 4 Portionen angegeben. Frieren Sie einfach die Hälfte ein. Statt
Hackfleisch lässt sich auch klein gewürfeltes Rind- oder
Schweinefleisch oder auch Geflügelfleisch verwenden.
Sie müssen nur die Garzeit etwas verlängern und ggf. etwas Wasser zufügen.

Kalbsschnitzel im Kressemantel

Eine raffinierte Hülle fürs Schnitzel.

▶ KH pro Portion 12 g
Gelingt leicht · Für 2 Portionen
🕐 15 Min. + 7 Min. Garzeit
2–3 Kalbsschnitzel (insgesamt ca. 240 g) · 2 Eier · 1 EL Mehl und Mehl zum Wenden · 1 EL Martini bianco · Salz · 1 Kästchen Gartenkresse · 2–3 EL Butterschmalz · 1 Limette

– Die Kalbsschnitzel kalt abspülen und abtrocknen. Auf einem Arbeitsbrett mit Frischhaltefolie abgedeckt etwas flach klopfen. Die Schnitzel dann an den Rändern rundum einige Male etwa 1 cm tief einschneiden, damit sie sich beim Braten nicht aufrollen.

– Die Eier trennen. Das Eiweiß steif schlagen. Das Eigelb mit dem Mehl, Salz und dem Martini glatt verrühren. Die Kresse vom Beet schneiden und mit dem Eischnee unter die Eigelbmasse heben.

– 2 EL Butterschmalz in einer beschichteten Pfanne erhitzen. Die Schnitzel in etwas Mehl wenden, durch den Teig ziehen und in der Pfanne von beiden Seiten goldbraun ausbacken. Gegebenenfalls nach dem Wenden noch 1 EL Butterschmalz zufügen.

– Die Limette waschen und in Spalten schneiden. Zu den Schnitzeln servieren.

Das passt dazu Servieren Sie dazu Selleriepüree und Gurkensalat. Für das Selleriepüree ein Viertel einer Knolle Sellerie kleingeschnitten in etwas Fett und wenig Wasser bzw. Brühe und 1–2 TL Zitronensaft sehr weich dünsten (ca. 30 Min.). Dann unter Zugabe von Brühe oder Wasser mit dem Pürierstab pürieren. Mit Salz und Pfeffer abschmecken. Nach Belieben mit Petersilie bestreut servieren.

◀ Kalbsschnitzel im Kressemantel

Mediterranes Schnitzel

Lecker – mit Mozzarella überbacken.

▶ KH pro Portion 10 g
Gelingt leicht · Für 2 Portionen
🕐 20 Min. + 20 Min. Backzeit
2 Schweineschnitzel (à 120 g) · ½ EL Öl und Öl für die Form · 1 Zucchini · 200 g Cocktailtomaten · 1 Handvoll Basilikumblätter · 2 EL rotes Pesto (aus dem Glas) · 200 g passierte Tomaten · Salz | Pfeffer, frisch gemahlen · ½ Kugel Mozzarella

– Den Backofen auf 200 Grad (Umluft 180 Grad) vorheizen. Die Schnitzel mit kaltem Wasser abspülen und trocken tupfen.

– Zucchini waschen, putzen und grob raspeln. Tomaten waschen und vierteln oder in Scheiben schneiden. Basilikumblätter waschen und fein hacken.

– Die Schnitzel im heißen Öl auf beiden Seiten kurz anbraten. Mit Pesto bestreichen und in eine mit Öl gefettete Auflaufform legen.

– Tomatenviertel, Zucchini, passierte Tomaten und Basilikum mischen und mit Salz und Pfeffer abschmecken. Alles über die Schnitzel geben. Mozzarella in Scheiben schneiden und auf den Schnitzeln verteilen. Im heißen Ofen (Mitte) 20 Min. backen.

Tipp

Dieses Gericht ist sehr kohlenhydratarm. Wenn Sie möchten, können Sie Rosmarinkartoffeln dazu servieren: 4 kleine Kartoffeln (pro Person 2) als Pellkartoffeln kochen und schälen. In etwas Öl zusammen mit ein paar Rosmarinnadeln anbraten.

Hähnchenkeulen aus dem Ofen

Nur würzen und ab mit ihnen in den Ofen.

▶ KH pro Portion 3 g
Braucht etwas mehr Zeit · Für 2 Portionen
🕙 10 Min. + ca. 45 Min. Garzeit
2 Hähnchenschenkel · 2 EL Öl · 1 EL edelsüßes Paprikapulver · ½ EL Currypulver · 1 Knoblauchzehe · ½ TL Salz · ¼ TL rosenscharfes Paprikapulver · 1 TL getrockneter gehackter Rosmarin · ½ TL Tomatenmark · ½ TL Honig

▬ Den Backofen auf 200 Grad vorheizen. Die Hähnchenschenkel kalt abspülen und trocken tupfen. Aus dem Öl und den Gewürzen eine sämige Paste herstellen.

▬ Die Schenkel mit der Paste einstreichen und auf ein Blech legen. Im Ofen (Mitte, Umluft 180 Grad) 40–45 Min. garen. Nach jeweils 15 Min. die Schenkel wenden und nochmals mit Marinade bestreichen. Falls die Keulen zu stark bräunen, mit Alufolie bedecken.

Das passt dazu Dazu schmeckt eine Scheibe geröstetes Low-Carb-Brot und grüner Salat, z. B. Eichblattsalat oder auch Rukola-Kirschtomaten-Salat. Auch lecker: Das Ratatouille von S. 69 oder das bunte Pfannengemüse von S. 71.

Die Schenkel lassen sich auch gut auf dem Grill (in einer Grillschale) zubereiten.

Rindergeschnetzeltes mit Zuckerschoten

Ein Pfannengericht mit asiatischer Note.

▶ KH pro Portion 23 g
Gelingt leicht · Für 2 Portionen
🕑 15 Min. + 10 Min. Garzeit
300 g Rinderfilet · 200 g Zucker-schoten · 6 Frühlingszwiebeln · 2 EL Öl · Salz | Pfeffer, frisch gemahlen · 2 EL Pinienkerne · 2 EL Soja-sauce · 1 Prise gemahlener Koriander

- Das Rinderfilet in feine Streifen schneiden. Zuckerschoten und Früh-lingszwiebeln waschen und putzen. Die Zuckerschoten ja nach Größe halbieren oder dritteln, die Früh-lingszwiebeln in Ringe schneiden.

- Das Öl in einer Pfanne erhitzen. Das Fleisch unter Rühren anbraten. Mit Salz und Pfeffer würzen und die Zwiebeln und die Zuckerscho-ten zugeben. Unter gelegentlichem Rühren 5 Min. braten, bis die Zuckerschoten bissfest sind.

- Die Pinienkerne in einer trockenen Pfanne rösten, bis sie duften. Das Geschnetzelte mit Sojasauce wür-zen und mit Salz und Pfeffer ab-schmecken. Mit 1 Prise Koriander bestreuen.

Kasseler mit Spitzkohl

Ein deftiges Mittagessen mit zartem Spitzkohl.

▶ KH pro Portion 13 g
Geht schnell · Für 2 Portionen
🕑 10 Min. + 12 Min. Garzeit
½ Spitzkohl (ca. 500 g) · 50 g Schin-kenwürfel · 2 EL Butterschmalz · 50 ml Gemüsebrühe · 50 ml Sahne · Salz | Pfeffer, frisch gemahlen · 2 Kasslerrippchen · 1 EL Öl

- Spitzkohl längs halbieren und den Strunk entfernen. Kohl quer in 2 cm breite Streifen schneiden. Die Schinkenwürfel in einer trockenen Pfanne knusprig ausbraten.

- Spitzkohl kurz bei starker Hitze im Butterschmalz anbraten. Zugedeckt bei kleiner Hitze 10 Min. dünsten, dabei gelegentlich (ohne den Deckel zu öffnen) am Topf rütteln.

- Die Rippchen in der Pfanne im Öl von beiden Seiten je 1–2 Min. an-braten, die Herdplatte ausschalten. Gemüsebrühe und Sahne zum Spitzkohl geben, den Speck unter-rühren, mit Salz und Pfeffer ab-schmecken. Den Spitzkohl mit den Rippchen servieren.

Schaschlik mit Mais-Tomaten-Sauce

Schaschlikspieße mit herzhafter Gemüsesauce.

▶ KH pro Portion 29 g
Gelingt leicht · Für 2 Portionen
🕑 15 Min. + 15 Min. Garzeit
6 Putenmedaillons (ca. 400 g) · 3 EL Öl · Paprikapulver · Salz | Pfeffer, frisch gemahlen · 3 Scheiben geräu-chertes Bauchfleisch (à ca. 60 g) · 2 große Paprikaschoten (je 1 gelbe und 1 rote) · 3 Zwiebeln · 50 ml Ge-müsebrühe · 1 Knoblauchzehe · 1 kleine Dose Mais · 1 Dose gehackte Tomaten · 4 Schaschlikspieße

- Die Putenmedaillons vierteln. 2 EL Öl mit ½ TL Paprikapulver und Pfeffer mischen. Das Fleisch darin wenden. Bauchfleisch klein schneiden. Papri-kaschoten waschen, putzen, in Stü-cke schneiden. 2 Zwiebeln vierteln.

- Alles abwechselnd auf die Spieße stecken. Übrige Zwiebel- und Papri-kastücke getrennt fein würfeln. Für die Sauce 1 Zwiebel und den Knoblauch abziehen und fein wür-feln. Zwiebeln mit dem Knoblauch in Öl andünsten. Mais, Tomaten und Paprika zugeben und zuge-deckt köcheln lassen.

- Die Spieße in Öl anbraten. Die Brühe angießen, zugedeckt 8–10 Min. ga-ren. Die Sauce mit Salz, Pfeffer und Paprikapulver würzen.

Gefrorener Heidelbeerjoghurt

Nicht zu süß – so schmeckt frozen Yoghurt am besten.

▶ KH pro Portion 9,5 g (bei 3 Portionen)
Gelingt leicht · Für 2–3 Portionen
🕐 40 Min. (bei Zubereitung in der Eismaschine)
250 g frische Heidelbeeren ·
250 g Joghurt · 1 EL Zitronensaft ·
100 g Schmand

■ Die Heidelbeeren waschen, abtropfen lassen und verlesen. Mit dem Joghurt und dem Zitronensaft mit dem Mixer pürieren.

■ Den Schmand unterrühren. Die Joghurtmasse in der Eismaschine 30 Min. gefrieren lassen.

Tipp

Wenn es einmal ganz schnell gehen soll, können Sie statt frischer Beeren unaufgetaute Tiefkühl-Heidelbeeren verwenden. Dies verkürzt nicht nur die Zubereitungs-, sondern auch die Gefrierzeit.

Kokoseis

Ein sahniges Eis mit feinem Kokos-Aroma.

▶ KH pro Portion 2,7 g (bei 3 Portionen)
Geht schnell · Für 2–3 Portionen
🕐 20 Min. (bei Zubereitung in der Eismaschine)
100 g Sahne · 150 g Joghurt (1,5 %) ·
150 g Kokosmilch · ½ TL Stevia
(Streusüße mit Maltodextrin als Trägersubstanz für gemahlene Stevia)
· ¼ TL gemahlene Vanille ·
2 EL Kokosraspel

■ Die Sahne steif schlagen. Kokosmilch, Stevia, Vanille und die Kokosflocken unterrühren.

■ Die Kokosmasse in der Eismaschine ca. 15 Min. rühren, bis die Masse cremig-fest ist.

Variante Garnieren Sie das Eis mit grüner Minze.

Tipp

Alternativ lässt sich die Kokosmasse auch im Tiefkühlfach gefrieren: Die Eismasse in eine Aluschüssel geben und im Tiefkühlfach 2–3 Std. gefrieren lassen, dabei jeweils nach 30 Min. umrühren.

Mango auf Kokoscreme

Schmeckt nicht nur gut, sondern sieht auch hübsch aus.

▶ KH pro Portion 21 g
Gut vorzubereiten · Für 2 Portionen
🕐 15 Min.
1 EL Mandelblättchen · 1 reife Mango ·
250 g Magerquark · 4 EL ungesüßte Kokosmilch · 1 EL Ahornsirup (oder Honig)

■ Die Mandelblättchen in einer trockenen Pfanne unter Wenden rösten, bis sie duften. Beiseite stellen und abkühlen lassen.

■ Die Mango schälen, das Fruchtfleisch rechts und links des Steins abschneiden und in gleichmäßige Scheiben schneiden. Das übrige Fruchtfleisch abschneiden und in kleine Würfel schneiden. Die Mangoscheiben auf Desserttellern anrichten.

■ Den Quark mit der Kokosmilch und dem Ahornsirup zu einer glatten Masse verrühren. Die Mangowürfel unterheben und alles auf dem Mangoscheiben verteilen. Mit den Mandelblättchen bestreuen.

Muffins

Dank Mandeln im Teig kohlenhydratarm.

▶ KH pro Muffin 5 g
Geht schnell · Für 12 Muffins
🕑 10 Min. + ca. 20 Min. Backzeit
4 Eier · ¼ TL Salz · 75 ml Öl (oder 75 g Margarine) ·
200 g gemahlene Mandeln · ¼ TL Natron ·
5 EL Stevia (Streusüße mit Maltodextrin als Trägersubstanz für gemahlene Stevia) · 1 TL Zimt · 1 Prise
Salz · 2 EL Zitronensaft · Muffinblech mit 12 Mul-
den + 12 Papiermuffinformen

▬ Den Backofen auf 180 Grad (Umluft 160 Grad)
vorheizen. Die Eier trennen. Das Eiweiß mit
1 Prise Salz steif schlagen.

▬ Das Öl mit Eigelb verrühren. Mandeln, Natron,
das übrige Salz, Stevia, Zimt, den Zitronensaft
und ein Drittel des Eischnees kurz unterrühren.
Den übrigen Eischnee vorsichtig unterheben.

▬ Die Papierförmchen in das Muffinblech stellen.
Die Masse hineingeben. Im heißen Ofen (Mitte)
ca. 20 Min. backen.

Käsekuchen

Ohne Boden gebacken und
mit Stevia gesüßt.

▶ KH pro Stück 5 g
Braucht etwas mehr Zeit
Für 1 Springform, 12 Stück
🕙 20 Min. + 50 Min. Backzeit
5 Eier · 1 Prise Salz · 500 g Magerquark · 50 g Stevia (Streusüße mit
Maltodextrin als Trägersubstanz für
gemahlene Stevia) · 1 Prise gemahlene Vanille · 1 Pck. Puddingpulver ·
1 Pck. Backpulver · 1 EL Öl · abgeriebene Schale von 1 unbehandelten
Zitrone

– Den Backofen auf 180 Grad (Umluft
160 Grad) vorheizen. Den Boden
einer Springform mit Backpapier
auslegen. Die Eier trennen. Das
Eiweiß mit 1 Prise Salz steif schlagen.

– Eigelb mit Quark, Stevia, Vanille,
Puddingpulver, Backpulver, Öl und
die Zitronenschale cremig rühren.

– Den Eischnee unterheben und den
Teig in die vorbereitete Form füllen.
Im Ofen (Mitte) ca. 50 Min. backen.
Wenn der Teig zu dunkel wird, mit
Alufolie abdecken.

Pflaumen-Kiwi-Gratin

So macht Obst Spaß!

▶ KH pro Portion 13,5 g (bei 3 Portionen)
Preisgünstig · Für 2–3 Portionen
🕙 15 Min. + 20 Min. Backzeit
3 Pflaumen · 2 Kiwis · 150 g Joghurt ·
2 Eier · 2 TL Zucker · ¼ TL Zimtpulver ·
1 EL Mandeln (gehackt oder gestif-
telt) · Butter für die Form

– Den Backofen auf 200 Grad (Umluft
180 Grad) vorheizen. Die Pflaumen
waschen, halbieren und entkernen.
Die Kiwis schälen. Pflaumenhälften
und Kiwis in Scheiben schneiden.

– Eine kleine Auflaufform (Ø ca.
20 cm) einfetten. Die Obstscheiben
fächerförmig hineinlegen. Joghurt,
Eier, Zucker und Zimt gut verrühren
und über das Obst gießen. Die Mandeln darüberstreuen. Im heißen
Ofen (Mitte) 20 Min. backen.

Variante Je nach Saison lassen sich
die Früchte variieren. Probieren Sie
beispielsweise ein Beerengratin mit
frischen Beeren, wie Himbeeren,
Heidelbeeren und Brombeeren.
Auch Tiefkühl-Früchte eignen sich
dafür.

Überbackene Camembert-Birnen

Anstatt Käseplatte – lecker!

▶ KH pro Portion 19 g
Gelingt leicht · Für 2 Portionen
🕙 10 Min. + 10 Min. Backzeit
2 reife Williams-Birnen · 1 kleiner
Camembert (80 g) · 2 TL Preiselbeeren
(aus dem Glas) · 2 EL gehackte
Mandeln · Butter für die Form

– Den Backofen auf 200 Grad vorheizen. Die Birnen halbieren und das
Kerngehäuse entfernen. Die Hälften
fächerartig einschneiden.

– Den Camembert in dünne Scheiben
schneiden und diese ggf. halbieren.
Die Scheiben in die Birnenfächer
schieben.

– Eine flache kleine Auflaufform fetten und die Birnenhälften hineinlegen. Im Ofen (Mitte, Umluft 180
Grad) überbacken, bis der Käse
zerlaufen ist. Die Mandeln in einer
trockenen Pfanne rösten. Die Preiselbeeren auf den Birnen verteilen
und mit Mandeln bestreuen.

Variante Milder werden die Birnen,
wenn man sie mit Mozzarella oder
Cheddar überbäckt.

Himbeer-Quark-Soufflé

Himbeeren mit einer luftig-leichten
Quarkhaube.

▶ KH pro Portion 27 g

Braucht etwas mehr Zeit · Für 2 Portionen

⊘ 15 Min. + ca. 30 Min. Backzeit

250 g Himbeeren (frisch oder tiefgekühlt) · 2 Eier ·
1 Msp. gemahlene Vanille · 2 EL Zucker · 150 g
Magerquark · 1 EL Mehl · 2 EL gemahlene Haselnüsse · ½ TL abgeriebene Schale einer unbehandelten Zitrone · Butter für die Form

- Tiefkühl-Himbeeren in der Mikrowelle auftauen
  (oder rechtzeitig bei Zimmertemperatur auftauen) und den Saft abtropfen lassen. Den
  Backofen auf 200 Grad vorheizen.

- Frische Himbeeren verlesen, wenn nötig vorsichtig abbrausen und auf Küchenpapier abtropfen lassen. Den Boden einer Auflaufform
  mit Butter einfetten. Die Himbeeren in der
  Form verteilen.

- Die Eier trennen. Das Eiweiß steif schlagen.
  Den Zucker und die Vanille unterrühren. Den
  Quark mit Eigelb, Mehl, Haselnüssen und der
  Zitronenschale schaumig rühren. Ein Drittel des
  Eischnees mit der Quarkmasse gut verrühren.
  Den übrigen Eischnee vorsichtig unterheben.

- Die Masse auf den Himbeeren verteilen. Das
  Soufflé im Ofen (Mitte, Umluft 180 Grad) 25–30
  Min. backen.

Erdbeer-Melonen-Salat

Schön frisch – lecker im Hochsommer.

▶ KH pro Portion 29 g
Gelingt leicht · Für 2 Portionen
🕑 20 Min. + 1 Std. Ziehzeit
½ Zuckermelone (z. B. Cantaloupe-Melone) · 250 g Erdbeeren · 5 EL Orangensaft · ½ EL Zitronensaft · 1 Msp. gemahlene Vanille · einige Tropfen Flüssigsüße nach Geschmack · 100 g Sahne · 1 EL gehackte Pistazien

- Die Melone halbieren. Das Fruchtfleisch mit einem Kugelausstecher herauslösen. Alternativ in Stücke schneiden. Die Erdbeeren vorsichtig waschen, putzen, halbieren und zur Melone geben.

- Den Orangensaft mit Zitronensaft, Vanille verrühren und unter das Obst mischen. Zugedeckt im Kühlschrank mind. 1 Std. ziehen lassen.

- Die Obstmischung nach Bedarf mit etwas Flüssigsüßstoff süßen. Die Sahne steif schlagen. Fruchtsalat in Schalen geben. Die Sahne darauf verteilen und mit den gehackten Pistazien bestreuen.

Tipp
Mit 20-prozentigem Speisequark, Sahne und Mandeln ist der Erdbeer-Melonen-Salat auch eine sommerliche Zwischenmahlzeit.

Erdbeermousse

Prima vorzubereiten – auch für Gäste.

▶ KH pro Portion 10,3 g (bei 3 Portionen)
Braucht etwas mehr Zeit
Für 2–3 Portionen
🕑 20 Min. + 2 Std. Kühlzeit
3 Blatt Gelatine · 250 g Erdbeeren · 1 EL Orangensaft · 150 g Joghurt · 1 TL Zucker · 150 g Sahne

- Die Gelatine in kaltem Wasser 10 Min. einweichen. Die Erdbeeren waschen und putzen. 2 schöne Erdbeeren beiseite legen. Die übrigen Erdbeeren mit dem Orangensaft, Joghurt und dem Zucker pürieren.

- Die Gelatine tropfnass in einem Topf bei schwacher Hitze auflösen. 3 EL Erdbeermasse einrühren. Dann den Rest der Erdbeermasse unterrühren. Die Sahne steif schlagen und unterziehen. Die Mousse im Kühlschrank in ca. 2 Std. fest werden lassen.

Variante Die Erdbeermousse lässt sich mit frischen Kräutern leicht aromatisieren. Die Nadeln von 1 Zweig Rosmarin ganz fein schneiden und mit dem Erdbeeren pürieren. Oder Sie geben ein paar Basilikumblätter zu den Erdbeeren.

Beerensalat auf Limettenjoghurt

Hmm … griechischer Joghurt und leckere Beeren.

▶ KH pro Portion 9,3 g (bei 3 Portionen)
Geht schnell · Für 2–3 Portionen
🕑 5 Min.
300 g gemischte Beeren (z. B. Himbeeren, Heidelbeeren, Erdbeeren, Johannisbeeren) · 150 g griechischer Joghurt · Saft und abgeriebene Schale von ½ Limette · 1 TL Zucker

- Die Beeren abbrausen, trocken tupfen und verlesen. Erdbeeren putzen und je nach Größe in Stücke schneiden. Johannisbeeren von den Rispen streifen.

- Den Joghurt mit dem Limettensaft und dem Zucker (nach Belieben) mischen und in Dessertschalen füllen. Die Beeren dazugeben und mit dem Limettenabrieb bestreuen.

Saltimbocca

Bekannte Spezialität der römischen Küche.

▶ KH pro Portion 1 g
Gelingt leicht · Für 4 Portionen
🕑 30 Min.

4 große oder 8 kleine dünne Kalbsschnitzel (insgesamt 500 g) · 8 dünne Scheiben Parmaschinken (oder anderer roher Schinken) · 8 große Salbeiblätter · 4 EL Butter · 2 EL Öl · Salz | Pfeffer, frisch gemahlen · 130 ml trockener Weißwein

– Die Schnitzel kalt abspülen, trocken tupfen und vorsichtig mit der flachen Seite des Fleischklopfers flachklopfen. Große Schnitzel halbieren, sodass 8 Schnitzelchen entstehen. Auf jedes Schnitzel 1 Scheibe Schinken und 1 Salbeiblatt legen und mit Holzzahnstochern feststecken.

– In einer großen Pfanne 2 EL Butter mit dem Öl erhitzen. Die Schnitzelchen darin auf jeder Seite 2–3 Min. braten. Leicht mit Salz und Pfeffer würzen, herausnehmen und abgedeckt warmstellen.

– Den Bratensatz mit dem Weißwein ablösen und aufkochen. Die übrige Butter einrühren und mit Salz und Pfeffer abschmecken. Die Schnitzel hineinlegen und kurz erwärmen. Mit der Sauce beträufelt servieren.

Das passt dazu Sehr lecker mit Romanasalat mit Parmesanspänen und gerösteten Low-Carb-Brot-Würfelchen. Oder Sie servieren geschmorten Chicorée zu den Kalbsschnitzelchen: Chicoréehälften in einer Deckelpfanne offen in etwas Öl rundherum hellbraun anbraten, mit wenig kräftiger Gemüsebrühe aufgießen und den Chicorée bei geschlossenem Deckel noch ca. 10 Min. garen. Kurz vor Ende der Garzeit etwas geriebenen Käse aufstreuen und schmelzen lassen.

Windbeutel mit Tomaten-Käse-Füllung

Tolles Fingerfood für die Party.

▶ KH pro Stück 5 g
Braucht etwas mehr Zeit · Für 20 Stück
🕑 30 Min. + 25 Min. Backzeit

Für die Windbeutel: 4 EL Öl · ½ TL Salz · 100 g Dinkelmehl (Type 1050) · 1 TL Backpulver · 2 EL gemahlene Mandeln · 2 Eier
Für die Füllung: 6 getrocknete Tomaten (in Öl eingelegt) · 200 g körniger Frischkäse (Hüttenkäse) · 1 EL Zitronensaft · 1 EL Tomatenmark · Salz | Pfeffer, frisch gemahlen

– Den Backofen auf 200 Grad (Umluft 180 Grad) vorheizen. 200 ml Wasser mit Öl und Salz aufkochen. Das Mehl mit dem Backpulver und den Mandeln mischen. Ein Backblech mit Backpapier auslegen.

– Den Topf von der Kochstelle ziehen und das Mehl hineinschütten. Gut verrühren. Den Topf wieder auf die Kochstelle ziehen und weiterrühren, bis sich der Teig als Kloß vom Topfboden löst.

– Den Topf von der Kochstelle nehmen und die Eier nacheinander gut unterrühren. Den Teig in einen Spritzbeutel füllen und ca. 20 kleine Windbeutel auf das Blech spritzen. Im Ofen auf der mittleren Schiene 25 Min. goldbraun backen.

– Für die Füllung die Tomaten abtropfen lassen und fein hacken. Mit den übrigen Zutaten mischen und mit Salz und Pfeffer abschmecken. Die Windbeutel abkühlen lassen und mit einer Schere oder einem scharfen Messer einen Deckel abschneiden. Mit der Frischkäsemasse füllen und die Deckel aufsetzen.

Windbeutel mit Tomaten-Käse-Füllung ▶

Saibling im Salzteig

Schonende Garmethode für Fisch.

▶ KH pro Portion 1 g
Gelingt leicht · Für 4 Portionen
🕐 20 Min. + 30 Min. Backzeit

4 Eiweiß · 3 kg grobes Meersalz (grob gemahlenes Salz; kein Salz für die Salzmühle, das ist zu grob) · 2 ausgenomene Saiblinge (à ca. 500 g) · 1 Bund Dill · 1 unbehandelte Zitrone · Salz | Pfeffer, frisch gemahlen · Holzstäbchen

— Das Eiweiß steif schlagen und mit dem Salz und 100 ml Wasser vermischen. Den Backofen auf 180 Grad (Umluft 160 Grad) vorheizen.

— Die Saiblinge innen und außen kalt waschen und trocken tupfen, dann innen salzen und pfeffern. Dill waschen, trocken schütteln und die groben Stängel entfernen. Die Zitrone waschen und in Scheiben schneiden. Dill und Zitrone in die Fische füllen. Den Bauch jeweils mit Holzstäbchen zustecken.

— Ein Drittel des Salzgemisches auf ein Backblech geben. Die Fische darauflegen und mit dem übrigen Salz bedecken. Das Salz rundum andrücken. Die Fische sollen vollständig mit dem Salz bedeckt sein. Die Saiblinge im vorgeheizten Backofen (Mitte) 40 Min. garen.

— Mit einem stumpfen Gegenstand, z.B. einem Kochlöffel, die Salzkruste vorsichtig aufschlagen und ablösen. Den Fisch filetieren und servieren.

Variante Es eignen sich für diese Zubereitung auch Lachsforelle, Wolfsbarsch/Loup de mer und Dorade hervorragend.

Gefüllte Forellen auf Möhren-Sellerie-Gemüse

Saftige Forellen auf würzigem Gemüse.

▶ KH pro Portion 15 g
Braucht etwas mehr Zeit · Für 4 Portionen
🕐 25 Min. + ca. 20 Min. Garzeit

4 ausgenommene Forellen (à ca. 250 g) · Saft von ½ Zitrone · 1 Sellerieknolle (ca. 600 g) · 800 g Möhren · 70 g Butter · Salz | Pfeffer, frisch gemahlen · ¼ l Gemüsebrühe · 100 g Frischkäse · 3 TL geriebener Meerrettich (aus dem Glas) · 1 Packung gemischte tiefgekühlte Kräuter · Basilikumblätter zum Bestreuen (nach Belieben)

— Die Forellen kalt abwaschen und innen mit Zitronensaft beträufeln. Sellerie und Möhren schälen. Zwei Drittel der Möhren und den Sellerie in 0,5 cm breite Streifen schneiden.

— 30 g Butter in einem Topf erhitzen. Möhren und Sellerie darin andünsten. Mit Salz und Pfeffer würzen und die Gemüsebrühe zugeben. Alles aufkochen und 5 Min. dünsten.

— Den Backofen auf 200 Grad (Umluft 180 Grad) vorheizen. Die restlichen Möhren fein reiben und mit dem Frischkäse, Meerrettich und den Kräutern mischen. Mit Salz und Pfeffer würzen. Die Forelle trocken tupfen und mit der Möhren-Käse-Masse füllen.

— Das Gemüse auf die Fettfangschale des Backofens geben und die Forellen darauflegen. Die übrige Butter in Flöckchen daraufsetzen. Alles im Ofen (Mitte) 15–20 Min. garen. Nach Belieben mit Basilikumblättern bestreuen.

Garnelenspieße mit knusprigen Gemüsepäckchen

Das Gemüse wird in Strudelteig verpackt.

- Die Möhren schälen. Möhren und Weißkohl in feine Streifen schneiden. Die Sprossen kalt abspülen und abtropfen lassen. Die Frühlingszwiebel waschen, putzen und in feine Ringe schneiden. Die Knoblauchzehe und den Ingwer schälen und in Scheibchen scheiden.

- Das Öl in einer Pfanne erhitzen. Möhren und Weißkohl anbraten. Frühlingszwiebeln, Sprossen, Knoblauch und Ingwer zugeben und ebenfalls kurz mitbraten. Mit Sojasauce, Zitronensaft und Sambal oelek würzen. Alles abkühlen lassen.

- Das Öl bzw. Butterschmalz auf 180 Grad erhitzen. Den Strudelteig auslegen. Jedes Blatt in 4 Rechtecke schneiden. Die abgekühlte Gemüsemischung daraufgeben. Die Seiten über der Füllung einschlagen und den Teig aufrollen. Die Gemüsepäckchen im heißen Fett portionsweise ca. 5 Min. frittieren, bis sie goldbraun sind. Herausheben und auf Küchenpapier entfetten.

- Die Garnelen auf die Spieße stecken und mit Salz und Pfeffer würzen. Den Knoblauch abziehen und in Scheibchen schneiden. Das Öl erhitzen, den Knoblauch zugeben. Die Garnelenspieße darin von beiden Seiten jeweils ca. 2 Min. anbraten. Die Spieße mit den Gemüsepäckchen servieren.

TIPP

Sprossen gibt es in jedem gut sortierten Supermarkt in der Gemüsefrischtheke. Dort finden Sie z. B. Mungobohnensprossen, Sonnenblumensprossen oder gemischte Sprossen. Zu diesem Gericht schmeckt ein knackiger grüner Salat, z. B. Romanasalat.

▶ KH pro Portion 19 g
Braucht etwas mehr Zeit
Für 4 Portionen
🕑 60 Min.

Für die Gemüsepäckchen:
100 g Möhren
100 g Weißkohl
100 Sprossen (z. B. Mungobohnensprossen, Sonnenblumensprossen, gemischte Sprossen)
1 Frühlingszwiebel
1 Knoblauchzehe
1 Stück frischer Ingwer (ca. 30 g)
2 EL Öl
2 EL dunkle Sojasauce
1 EL Zitronensaft
2 TL Sambal oelek
100 g Strudelteig (Fertigprodukt aus der Kühltheke)
Öl oder Butterschmalz zum Frittieren

Für die Garnelenspieße:
450 g Riesengarnelenschwänze
Salz | Pfeffer, frisch gemahlen
1 EL Öl
1 Knoblauchzehe
lange Holz-Spieße/ Schaschlikspieße

Gemüsestrudel mit Avocadocreme

Passen Sie die Gemüseauswahl der Jahreszeit an.

▶ KH pro Portion 22 g
Braucht etwas mehr Zeit
Für 4 Portionen
🕐 30 Min. + 30 Min. Backzeit

Für den Strudel:

750 g	gemischtes Gemüse (z. B. je 250 g Kohlrabi, Möhren und Zucchini)
	Salz
3	Eier
250 g	Magerquark
2 EL	Milch
½	Packung gemischte Tiefkühl-Kräuter
	frisch geriebene Muskatnuss
100 g	Strudelteig (Fertigprodukt aus der Kühltheke)
	etwas Öl zum Bestreichen

Für die Avocadocreme:

1	rote Paprikaschote
1	Knoblauchzehe
1	Limette
2	reife Avocados
150 g	Joghurt

- Den Backofen auf 200 Grad (Umluft 180 Grad) vorheizen. Das Gemüse waschen, putzen und ggf. schälen und in 1 cm große Würfel schneiden. In reichlich kochendem Salzwasser blanchieren. Das Gemüse in einem Sieb gut abtropfen lassen.

- 2 Eier mit Quark, Milch und den Kräutern verrühren. Mit Salz, Pfeffer und Muskatnuss würzen und das Gemüse unterheben.

- Den Strudelteig auf der Arbeitsfläche auslegen. Jedes Teigblatt dünn mit Öl bestreichen und die Blätter übereinander legen. Mit der Quark-Gemüse-Masse bestreichen, dabei einen 2 cm breiten Rand lassen.

- Den Strudel von der Seite her aufrollen. Mit der Schnittfläche nach unten auf ein mit Backfolie ausgelegtes Backblech legen. Das übrige Ei trennen, das Eigelb verrühren und den Strudel damit bestreichen. (Das Eiweiß anderweitig verwenden.) Im vorgeheizten Ofen (Mitte) ca. 30 Min. goldgelb backen.

- Für die Avocadocreme die Paprikaschote waschen, putzen und würfeln. Den Knoblauch abziehen und dazupressen. Die Limette auspressen. Die Avocados schälen, entkernen und das Fruchtfleisch in Stücke schneiden. Die vorbereiteten Zutaten mit dem Joghurt mischen und mit dem Mixer fein pürieren. Mit Salz und Pfeffer abschmecken.

- Den Strudel mit einem Brotmesser in dicke Scheiben schneiden und mit der Avocadocreme servieren.

Variante Die Tiefkühlkräuter lassen sich natürlich durch frische Kräuter ersetzen. Wählen Sie nach Lust und Laune aus: Petersilie, Schnittlauch oder auch Zitronenmelisse

Tipp

Sie müssen das Eiweiß nicht wegschmeißen: Das übrige Eiweiß lässt sich tiefgekühlt einige Wochen aufbewahren.

Hackbraten mit Eiern

Köstliche Kombination!

- Die Brötchen in Wasser einweichen. 3 der Eier 8 Min. lang hart kochen. Die Zwiebeln abziehen und fein würfeln. Die Würfel von 2 Zwiebeln in eine Schüssel geben, den Rest beiseite legen. Petersilie waschen, trocken schütteln, die Blättchen abzupfen und hacken. Die übrigen rohen Eier mit Salz, Pfeffer, Senf und Petersilie zu den Zwiebelwürfeln in die Schüssel geben und gut vermengen.

- Die Brötchen ausdrücken und zerpflückt mit dem Hackfleisch in die Schüssel geben und unterkneten. Die Hälfte der Masse auf einem Brett in Größe des Bratens geben und etwas flach drücken. Die Eier schälen und auf das Hackfleisch legen. Die restliche Masse darauf geben und verschließen.

- Den Backofen auf 200 Grad (Umluft 180 Grad) vorheizen. Die Tomaten kreuzweise einritzen und mit kochendem Wasser überbrühen, dann abziehen. Die Tomaten grob würfeln.

- In einem Bräter das Öl erhitzen und die übrigen Zwiebeln und die Tomatenwürfel darin andünsten. Den Hackbraten vorsichtig einlegen und kurz von der Unterseite anbraten. ½ l Wasser angießen. Den Thymian waschen und dazugeben. Im Ofen (2. Schiene von unten) 50–60 Min. garen, zwischendurch mit etwas Wasser bepinseln.

- Den Braten herausnehmen und warmstellen. Den Thymian herausnehmen und die Sauce pürieren. Die Speisestärke mit etwas Wasser anrühren, zur Sauce geben und alles aufkochen. Mit Salz und Pfeffer abschmecken.

 TIPP

Den Braten aufgeschnitten auf einem Bett aus Kopfsalatblättern servieren, die Sauce darüberträufeln und einen gemischten Salat (z. B. aus Kopfsalat oder Rukola, Gurke, Tomate) dazu essen.

▶ KH pro Portion 18 g
Gelingt leicht
Für 6 Portionen
20 Min. + 50–60 Min. Backzeit

2 altbackene Brötchen
5 Eier
3 Zwiebeln
1 Bund Petersilie
Salz | Pfeffer, frisch gemahlen
2 TL Senf
1 kg gemischtes Hackfleisch
2 Tomaten
2 EL Öl
1 Bund Thymian
1 EL Speisestärke

Pesto-Hähnchen

Leckeres Hähnchen im Tomaten-Zwiebelbett.

▶ KH pro Portion 8 g
Gelingt leicht · Für 4 Portionen
🕒 20 Min. + ca. 18 Min. Backzeit
500 g Kirschtomaten · 6 Frühlingszwiebeln · 125 g Mozzarella · 4 kleine Hähnchenbrustfilets (à 150 g) · Salz | Pfeffer, frisch gemahlen · 2 EL Öl · 6 EL Pesto (aus dem Glas) · 100 g geriebener Hartkäse nach Geschmack

- Kirschtomaten waschen und halbieren. Die Frühlingszwiebeln waschen, putzen, das Weiße in Ringe und das Grüne in 2 cm große Stücke schneiden. Den Mozzarella in Würfel schneiden.

- Die Hähnchenbrustfilets mit Salz und Pfeffer würzen. Das Öl in einer beschichteten Pfanne erhitzen, das Fleisch darin auf jeder Seite ca. 2 Min. anbraten. Das Weiße der Frühlingszwiebeln zugeben und 2 Min. mitbraten.

- Die Tomaten und das Grün der Frühlingszwiebeln in eine Auflaufform geben. Das Fleisch daraufgeben und mit Pesto bestreichen. Die Mozzarellawürfel auf die Tomaten und den geriebenen Käse auf die Hähnchenbrustfilets streuen.

- Das Ganze im heißen Ofen bei 200 Grad (Mitte, Umluft 180 Grad) 15–18 Min. überbacken.

Das passt dazu Wildreis, Vollkornnudeln (100 g für 4 Personen) oder auch ein frischer Feldsalat mit Essig-Öl-Dressing.

Schweinefilet mit Parmesankruste und Bohnengemüse

Lecker – saftiges Filet mit würziger Kruste.

▶ KH pro Portion 6 g
Gelingt leicht · Für 4 Portionen
🕒 20 Min. + ca. 30 Min. Garzeit
Für die Parmesankruste: 1 Knoblauchzehe · 50 g geriebener Parmesan · 2 EL gemahlene Mandeln · 2 EL grober Senf
Für das Fleisch: 1 TL Korianderkörner · 2 Schweinefilets (à 400 g) · Salz | Pfeffer, frisch gemahlen · 2 EL Butterschmalz
Für das Bohnengemüse: 600 g Buschbohnen · 1 Bund Bohnenkraut · 1–2 Schalotten · 100 ml Martini bianco (oder Wermut oder Brühe)

- Für die Parmesankruste den Knoblauch abziehen und fein würfeln. Parmesan, Knoblauch, Mandeln und den Senf verrühren.

- Für das Fleisch die Korianderkörner im Mörser grob zerstoßen. Die Bohnen für das Gemüse waschen und putzen. Die Bohnen in reichlich wallendem Wasser 3–4 Min. kochen und dann abgießen.

- Das Fleisch mit Salz, Pfeffer und Korianderkörnern einreiben und in einem Bräter im heißen Butterschmalz rundherum kräftig anbraten. Dann die Parmesanmasse auf die Oberseite des Filets streichen und gut andrücken.

- Das Bohnenkraut abspülen und trocken schütteln. Die Schalotten abziehen und in Spalten schneiden. Bohnen, Bohnenkraut, Schalotten und Martini zum Fleisch geben und den Bräter schließen. Alles im vorgeheizten Backofen bei 200 Grad (Umluft 180 Grad) etwa 15 Min. braten. Deckel abnehmen und das Ganze noch 10–15 Min. weiterbraten.

- Das Bohnenkraut entfernen und den Sud mit Salz und Pfeffer abschmecken.

Gefüllte Zucchini mit Flusskrebsfleisch

Eine feine Füllung für die überbackenen Zucchini.

- Die Zucchini waschen, putzen und längs halbieren. Das Kerngehäuse mit einem Esslöffel ziehend herauskratzen und beiseite legen. Die Zucchinihälften auf ein Backblech legen und innen leicht salzen.

- Zwiebel und Knoblauch abziehen und fein würfeln. Das herausgekratzte Zucchinifruchtfleisch würfeln. Die Garnelen in Stücke schneiden. Den Dill waschen und trocken schütteln, die Blättchen abzupfen und fein hacken.

- Den Backofen auf 200 Grad (Umluft 180 Grad) vorheizen. Das Öl erhitzen und Zwiebel- und Knoblauchwürfel glasig dünsten. Zucchinifruchtfleisch dazugeben und kurz mitdünsten. Flusskrebse und Crème fraîche unterrühren. Alles etwas kochen lassen, bis die Masse dickflüssig ist. Den Dill untermischen und mit Salz und Pfeffer würzen.

- Die Masse in die Zucchinihälften füllen und mit dem Parmesan bestreuen. Im Ofen (Mitte) 25 Min. backen.

Variante Dieses Rezept können Sie auch mit ausgelösten Garnelen zubereiten.

Das passt dazu Als Beilage passt ein einfacher Tomatensalat oder der Bauernsalat von S. 60.

▶ Gelingt leicht
KH pro Portion 8 g
Für 4 Portionen
🕐 20 Min. + 25 Min. Backzeit
4–6 Zucchini (ca. 1 kg)
   Salz | Pfeffer, frisch gemahlen
 1 Zwiebel
 1 Knoblauchzehe
1 EL Öl
200 g Flusskrebsfleisch
1/2 Bund Dill
200 g Crème fraîche
6 EL geriebener Parmesan

Register

Rezeptregister

Bibliografische Information der Deutschen Nationalbibliothek
Die Deutsche Nationalbibliothek verzeichnet diese Publikation in der Deutschen Nationalbibliografie; detaillierte bibliografische Daten sind im Internet über http://dnb.d-nb.de abrufbar.

Programmplanung: Uta Spieldiener
Redaktion: Anja Fleischhauer
Bildredaktion: Christoph Frick,
Anja Fleischhauer

Umschlaggestaltung und Layout:
Cyclus · Visuelle Kommunikation,
70186 Stuttgart

Bildnachweis:
Umschlagfoto vorne: Stockfood
Umschlag hinten: Meike Bergmann, Berlin
Fotos im Innenteil: Meike Bergmann, Berlin

© 2013 TRIAS Verlag in MVS Medizinverlage Stuttgart GmbH & Co. KG
Oswald-Hesse-Straße 50, 70469 Stuttgart

Printed in Germany

Satz und Repro: kaltner verlagsmedien GmbH, Bobingen
gesetzt in: InDesign CS5
Druck: AZ Druck und Datentecknik GmbH, Kempten

Gedruckt auf chlorfrei gebleichtem Papier

ISBN 978-3-8304-6707-6

Auch erhältlich als E-Book:
eISBN (PDF) 978-3-8304-6708-3
eISBN (ePub) 978-3-8304-6709-0

SERVICE

Liebe Leserin, lieber Leser,

hat Ihnen dieses Buch weitergeholfen? Für Anregungen, Kritik, aber auch für Lob sind wir offen. So können wir in Zukunft noch besser auf Ihre Wünsche eingehen. Schreiben Sie uns, denn Ihre Meinung zählt!

Ihr TRIAS Verlag
E-Mail Leserservice: heike.schmid@medizinverlage.de
Lektorat TRIAS Verlag, Postfach 30 05 04, 70445 Stuttgart, Fax: 0711 89 31-748

Besuchen Sie uns auf facebook!
www.facebook.com/
gesundeernaehrungtrias

Jede Diät braucht Basen